Hermann Schrader

Das Färben und Appretieren der sämtlichen Pelzwaren von tierischen Fellen

Hermann Schrader

Das Färben und Appretieren der sämtlichen Pelzwaren von tierischen Fellen

ISBN/EAN: 9783743655454

Hergestellt in Europa, USA, Kanada, Australien, Japan

Cover: Foto ©Lupo / pixelio.de

Weitere Bücher finden Sie auf **www.hansebooks.com**

Herm. Schrader's Schriften, 24. Bdchn.

Das Färben und Appretiren
der
sämmtlichen Pelzwaaren
von thierischen Fellen
als
von Hasen, Katzen, Bären, Füchsen, Hunden, Kaninchen 2c.,

so schön und ächt, wie es der Luxus der gegenwärtigen Zeit erfordert.

Desgleichen
Anweisung zum Färben in allen beliebten Farben, der Schafwoll-, Lamm- und Angora-Felle, der sogenannten Schwanfabrikate, Federn 2c.

Ueber Appretiren und Aufbewahren aller dieser Gegenstände.

Anleitung
über die neue verbesserte Darstellung der
Anilinpräparate
zur billigsten Erzeugung der schönsten rothen, violetten und blauen Farben.

Nach den neuesten Erfahrungen in England, Frankreich und Belgien, alles erprobt durch eigene praktische Versuche vom Verfasser.

Wichtig für Färber und Pelzfabrikanten.

Leipzig 1863.
C. F. Amelang's Verlag.
(F. Volckmar.)

Vorwort.

Das Färben der Pelzwaaren wurde bis jetzt in Deutschland bei weitem nicht in dem Grade betrieben, als in Amerika, England und Frankreich. Durch meine häufigen Reisen in diesen Ländern habe ich durch aufmerksames Beobachten und durch freundliches Benehmen, trotz meiner kleinen Geldmittel mir das anzueignen gestrebt, was mir neu, wissenswerth oder bedeutend erschien. Wo der richtige Techniker, ob Färber oder Gerber, mit den Augen und dem einfachen gesunden Menschenverstande nicht etwas mit zu Hause nimmt, da hat er etwas vergessen! So ist mein Wahlspruch!

Was das Pelzwerk anlangt, so hat dasselbe in der Neuzeit einen ungemeinen Aufschwung genommen, und das höchst lukrative Geschäft der Pelzwaarenfärberei, wo durch Hülfe der Kunst die verschiedenartigsten und schönsten Abwechselungen und Farben hervorgebracht werden — ist in Deutschland jenen Ländern gegenüber noch sehr zurück!

Meine Kunstgenossen kennen mich alle als einen rechtschaffenen Mann, der keine Zeile schreibt und keine Anweifung giebt, welche nicht auf Wahrheit und Erprobung beruht.

Weil ich nun die feste Ueberzeugung habe, daß eine gründliche Belehrung über die Pelzfärberei dringend nothwendig, selbst ein Bedürfniß sei, so gebe ich hiermit meinen lieben Kunstgenossen diese Schrift, welche ich mit Fleiß und Liebe bearbeitete, und von welcher ich erwarte, daß sie Vielen erwünscht und von reellem Nutzen sein wird.

Hermann Schrader
in Hamburg.

Inhalts-Verzeichniß.

Erste Abtheilung. Ueber die zur Pelzfärberei nöthigen chemischen Substanzen und Farbmaterialien (Pigmente), sowie über ihre Entstehung, Bereitung und Erkennung der Güte derselben, nach alphabetischer Ordnung 1

Alaun 3
   1) Der römische Alaun 3
   2) Der ostindische Alaun 4
   3) Der englische, der sächsische und der preußische Alaun . . 4
Anilin, auch Fuksin genannt 5
Arsenik 5
Bleiglätte, auch Silber- und Goldglätte genannt 6
Bleizucker 6
Blauholz 7
   1) Das Campeche-Blauholz 7
   2) Das Tabasco-Blauholz 8
   3) Das Honduras- und Domingo-Blauholz 8
   4) Das Jamaika-Blauholz 8
Blauholz-Extract 9
Blaustein, eigentlich schwefelsaures Kupfer, Grünspan, essigsaures Kupfer 10
Curcumä, auch Terra-Merita genannt 11
Catechu, fälschlich Terra-Catechu benannt 11

	Seite
Dividivi (Brasil-Galläpfel)	12
Eisenvitriol	13
Essigsaures Eisen	14
Erlenrinde	15
Fernambuk	15
Galläpfel	16
Indigo-Carmin	17
Sumach	18
Kalk, Kalkerde, Kalkhydrat, Chlorkalk	19
Weinstein	20
Zinnbeizen (Zinnsalz)	21

Zweite Abtheilung. 23
1. Allgemeine Bemerkungen über die thierischen Felle rc. . . . 23
2. Das Auskochen der zum Pelzfärben nöthigen Farbsubstanzen (Decocte) 24

Dritte Abtheilung. Von den schwarzen Farben für Pelzwaaren 29
1. Das Schwarzfärben der Katzen-, Seehunds- (Robben-), Hunde-, Hasen-, Kaninchenfelle, Schmaschen (Lammfelle) 29
2. Das Schwarzfärben der Bären-, Ukrainer-, Schaf- und Lammfelle (Schmaschen), sowie des Astrachan 31
3. Das Schwarzfärben der verschiedenen Pelzgattungen von geringem Werthe 33

Vierte Abtheilung. Das Braunfärben der Pelzwaaren 37
1. Dunkelbraun 37
2. Schwarzbraun 38
3. Hellbraun 38

Fünfte Abtheilung. Das Färben der Auftrage-, Streich-, Blend- oder Bürstfarben für Pelzwaaren 41
1. Hellbraune Grundfarbe 44
2. Hellbraun mit dunkelbraunen Streifen 45
3. Dunkelbraun mit schwarzen Streifen (Dessins) 46
4. Hellbraun aus Terra-Japonica 47

		Seite
5.	Dunkelbraun aus Catechu	48
6.	Schwarzbraun aus Catechu und Blauholz	49

Sechste Abtheilung. Das Graufärben der Pelzwaaren, namentlich der Katzen-, Kaninchen-, Hasen-, Iltis-, Marderfelle ꝛc. 52

1.	Grau	52
2.	Grau	54
3.	Die Appretur der gefärbten und getrockneten Felle	55

Siebente Abtheilung. Das Färben der Wollfelle, namentlich der Schaf-, Lamm- (Schmaschen-) und Angorafelle, des Schwanpelzes, der Federn . . . 57

1.	Das Reinigen der zum Färben bestimmten Wollfelle, des Schwanpelzes, der Angorafelle und der Federn	59
2.	Rosenroth von käuflichem Rosalin, für Schaf- und Lammfelle, Angora, Schwanpelz, weiße Hasen- und Kaninchenfelle und Federn	60
3.	Carmoisin, auch Groisseille genannt, aus Rosalin	62
4.	Lila aus Violet-Rosalin	62
5.	Violet aus flüssigem Anilin-Violet	62
6.	Hellblau aus flüssigem Anilin-Blau	63
7.	Hellblau aus Indigo-Carmin und Alaun	64
8.	Hellgelb aus Gelbholz	66
9.	Dunkelgelb aus Quercitron ꝛc.	67
10.	Orangefarbe (Orangegelb) aus Quercitron und Cochenille	68
11.	Dunkelroth aus Rothholz	69
12.	Braun aus Roth- und Blauholz	70
13.	Violet (Pensé) aus Blauholz	70
14.	Grau (Krimmer-Grau) aus Blauholz und Gallus ꝛc.	71
15.	Grau (Krimmer-Grau) aus Blauholz und Sumach ꝛc.	72
16.	Röthlich-Grau aus Erlenrinde ꝛc.	74

Achte Abtheilung. Das Färben des Ombre oder der in Schattirungen gefärbten Pelzwaaren 76

Seite

Neunte Abtheilung. Das Schwefeln (Weißbleichen) der Pelzwaarengegenstände überhaupt, und der von Schaf-, Lamm- und Angorafellen gefertigten insbesondere, ingleichen der Schwanpelz- und Federartikel 79

Zehnte Abtheilung. Das Appretiren der gefärbten Schaf-, Lamm- und Angorafelle, sowie des Schwanpelzes und der Federn zc. 81

Erste Abtheilung.

Ueber die zur Pelzfärberei nöthigen chemischen Substanzen und Farbmaterialien (Pigmente), sowie über ihre Entstehung, Bereitung und Erkennung der Güte derselben, nach alphabetischer Ordnung.

―――

Die Pelzfärberei oder das Färben der verschiedenen thierischen Haare oder Wolle ist, wie bekannt, ein besonderer Zweig der Kunstfärberei, der seither nur auf einfacher (empirischer) Erfahrung beruhte.

Das Färben dieser Naturproducte ist nicht so schwierig, als Mancher, der eine Geheimnißkrämerei für sich in Anspruch nehmen möchte, glauben machen will. Es ist eine solche in unserer Zeit gar nicht mehr denkbar, wenn man bedenkt, daß gerade in der Kunst des Färbens bisher die größten Fortschritte gemacht wurden.

Die für alle Künste und Gewerbe so nutzbringende und fortwährend segensreich wirkende Chemie hilft so manche Schwierigkeiten besiegen, daher ist es höchst nothwendig, wenn der Gewerbtreibende, sei derselbe nun Gerber oder Schön- oder Pelzfärber, diese Wissenschaft sich einigermaßen zu eigen macht, denn nur durch die Erlernung der Chemie wird es ihm leicht, sich mit der Güte der chemischen Producte und Farbmaterialien vertraut zu machen und der oft damit beim Verkauf getriebenen Betrügerei zu begegnen. Denn wenn der in der Chemie Unkundige auch die nach langjährigen Erfahrungen erprobten besten praktischen Recepte für alle diese Zweige der Färberei redlich und gewissenhaft mitgetheilt erhalten hat, so findet sich derselbe doch oftmals, ohne Verschulden des ihm dieselben Mittheilenden, getäuscht, da die zum Färben nöthigen chemischen Producte und Farbmaterialien meist vielfach gefälscht und die Namen derselben auch oft noch dazu in unverständlichem Latein dargeboten werden. Derartige Fälle sind vor mehreren Jahren selbst in Hamburg vorgekommen, so, daß man einem der Farbwaarenkunde unkundigen Färber und anderen mit der Färberei sich befassenden Gewerbtreibenden Krapp anstatt Sumach verabreichte. Was für ein unglückliches Resultat hierdurch herbeigeführt wurde, kann man sich leicht denken. Es giebt leider in Hamburg und auch an anderen Orten so viele Handels- und Kaufleute, die sich um das Wissenschaftliche des Handels durchaus nicht bekümmern; sie kaufen und verkaufen nach Besicht, mit den Worten: wir haben's so bekommen, so ist's, und so verkaufen wir's, das Andere geht uns nichts an; wir sind keine Färber, Gerber oder Fabrikanten. Darum muß man bei dem Ankauf von chemischen Producten und Farbmaterialien äußerst vorsichtig sein, und man wird sehr wohlthun, beim Ankauf derselben nach folgenden Mittheilungen zu verfahren.

Alaun (nicht giftig).

Der Alaun ist eine für viele Gewerbe, namentlich für die gesammte Färberei, die Gerberei ꝛc., wichtige Substanz. In der gesammten Färberei wird derselbe dazu angewandt, auf den zu färbenden Gegenständen die Farbmaterialien anzuziehen und zu befestigen, sowie denselben ein glänzendes Ansehen zu ertheilen. In der Gerberei wirkt derselbe als zusammenziehendes, abstringirendes Surrogat, dem Leder (alaungahren Leder) die nöthige Festigkeit (Gerbung) zu geben, welches in anderen Fällen mittelst der Eichenrinde, der Knoppern, der Galläpfel, des Catechu und der Terra Japonica vollzogen wird.

Es kommen verschiedene Sorten Alaun im Handel vor, die zwar nicht wesentlich, jedoch in der Grundmischung mit nachtheiligen Substanzen versetzt sind, namentlich mit Eisentheilen, welche bei Darstellung heller Farben, als Gelb oder Roth, sehr nachtheilig sind und denselben einen grauen Schein ertheilen.

Die Alaunsorten sind folgendermaßen zu unterscheiden.

1) Der römische Alaun wird im natürlichen Zustande in Italien und Sicilien, in der Nähe von Vulkanen, gefunden, und bedarf zum Färben keiner weiteren Operation. Derselbe ist in weißem, oft auch in einem röthlichen Schein, und wird in kleinen unförmlichen Stücken und in 500 bis 1000 ℔. schweren Fässern in den Handel gebracht. In früherer Zeit wurde derselbe als gänzlich eisenfrei sehr geschätzt und theuer bezahlt, er hat jedoch den Nachtheil, Kalktheile zu enthalten, welche den zu färbenden Stoffen nachtheilig sind.

2) Der ostindische Alaun findet sich ebenfalls, wie der sogenannte römische, im natürlichen Zustande, ist jedoch von geringerer Güte und vielfach mit steinartigen, unlösbaren Stücken gemischt. Derselbe kommt jetzt selten und zwar in ungefähr 150 ℔. schweren Matten verpackt im Handel vor; es ist demnach eine betrügliche Alaunsorte, durch welche mancher Unkundige viel Geld verloren hat.

3) Die vorzüglichsten jetzt in Anwendung gebrachten Alaunsorten für die technischen Gewerbe ist der *englische*, der *sächsische* und der *preußische*.

Der *schwedische* Alaun kommt selten im Handel vor und enthält Eisentheile, ist deshalb nur zur Darstellung dunkler Farben in Anwendung zu bringen.

Der *englische* Alaun ist eisenfrei; derselbe kommt in ungefähr 300 ℔. schweren Fässern im Handel vor, ist jedoch durch den Eingangs-Zoll vertheuert.

Die *preußischen* und *sächsischen* Alaunsorten zeigen sich jetzt vollkommen eisenfrei und sind zu jedem Zweck dienlich.

Diese letzteren Alaunsorten werden im Großen aus der Alaunerde und dem Alaunschiefer gewonnen; dieselben sind in unförmlichen, weißen, durchsichtigen Stücken von erst süßlichem, alsdann zusammenziehendem Geschmack.

Um zu prüfen, ob derselbe eisenfrei ist, verfährt man folgendermaßen. In ein Bierglas bringt man handheißes reines Wasser, läßt in dieser Flüssigkeit 2 ℔ Alaun in gepulvertem Zustande lösen, und setzt hierauf $1/8$ ℔ käufliches blausaures Kali hinzu.

Zeigt sich nach dieser Operation eine bläuliche Farbe der Flüssigkeit, so enthält der Alaun Eisentheile.

Anilin, auch Fuksin genannt (nicht giftig).

Dies ist eine der merkwürdigsten Farbsubstanzen der Neuzeit. Dasselbe wird vermittelst der Chemie aus dem früher fast nutzlosen Steinkohlentheer, welcher bei Bereitung des Beleuchtungsgases gewonnen wird, bereitet.

Anfangs wurde dasselbe nur zum Carmoisin- und Rosenrothfärben der Seide in Anwendung gebracht, jetzt hat man dasselbe jedoch durch gewisse chemische Proceduren auch zum Färben der Violet- und der schönsten blauen Farben dargestellt.

Gewöhnlich bekommt man es als eine dicke Flüssigkeit von dunkelvioletter und blauer Farbe.

Die Güte desselben ist sehr verschieden. Das beste liefert jetzt die chemische Fabrik der Herren Dahms & Barkofsky (Köpeniker Straße Nr. 112 in Berlin) zu billigem Preise. Diese in gutem Rufe stehende Fabrik ist im Stande, auch in andern Farbesorten allen an sie gemachten Ansprüchen zu entsprechen.

Die verschiedenen Anilinsorten finden jetzt sowohl zum Roth-, als auch zum Violetfärben der Schaffelle und des Schwanpelzes vorzügliche Verwendung.

Arsenik (giftig)

kommt theils gediegen (in reinem Zustande), meistens aber unrein (mit andern Metallen, namentlich mit dem Schwefel verbunden) in der Natur vor.

Der Arsenik dient in vielen Gewerben, namentlich in der Pelzfärberei, zur Befestigung der Farben, und hat die besondere Eigenschaft, die Felle der Thiere, sowie die Bälge der Vögel lange Jahre gut zu erhalten, weshalb derselbe zum Ausstopfen solcher Thiere die geeignetste Anwendung findet. Im reinen Zustande ist derselbe in ziemlich schweren Stücken, von stahlgrauer, mattglänzender Farbe, und läßt sich leicht pulverisiren, wobei jedoch sehr vorsichtig verfahren werden muß.

Der rothe Arsenik, auch Auripigment genannt, ist eine Verbindung des Schwefels mit Arsenik, und findet in der gesammten Färberei wenig Anwendung.

Bleiglätte, auch Silber- und Goldglätte genannt (giftig).

Dies ist eine schwere, mattröthliche, in Pulverform vorkommende, metallische Substanz, welche im Großen beim Reinigen des Bleies von andern Metallen erzeugt wird. Dieselbe findet in der Pelzfärberei als Beize (Mordant) vielfache Anwendung.

Bleizucker (giftig).

Der Bleizucker, eigentlich essigsaures Blei, wird im Großen auf die Weise bereitet, daß man in Getreide- oder Holzessig in einem Bleikessel bei Siedhitze soviel Bleiglätte lösen läßt, als man zu lösen vermag; hierauf wird diese Flüssigkeit in einem hölzernen Gefäße an einen kühlen Ort gebracht, worauf sich der Bleizucker in nadelförmigen Crystallen bildet (anschießt). In diesem Zustande bildet derselbe eine weiße, oft auch eine weißgelbliche, nadelförmige, meist in kleinen Crystallen geformte Substanz von eigenthümlichem

Geruch und süßlichem Geschmack, daher der Name: Bleizucker. In der Pelzfärberei wird der Bleizucker jetzt besonders vortheilhaft angewandt.

Die bekannten Färbungsmittel für Menschenhaare bestehen oft aus weiter nichts, als aus Goldglätte (Bleiglätte), Bleizucker und Kalk; es verlangen aber solche Präparate bei ihrer Anwendung die größte Vorsicht. Diese Art Haarfärbungsmittel haben schon Manchem, wie die Erfahrung gelehrt, das gute Augenlicht geschwächt, ja, oft völlige Erblindung herbeigeführt.

Blauholz (nicht giftig).

Das Blauholz ist das Stammholz eines in Mittel- und Südamerika wildwachsenden Baumes. Das im Handel vorkommende Blauholz ist in seiner Güte sehr verschieden und es besitzt die eine Sorte an färbender Kraft (Pigment) mehr, als die andere, daher auch manche Sorte den doppelten Werth hat, als eine andere. In guten, unbeschädigten Stücken läßt sich die Güte desselben leichter beurtheilen und erkennen, als im geraspelten Zustande desselben; am allerschwierigsten aber läßt es sich in feucht gemahlenem Zustande beurtheilen. Will man das im Handel vorkommende Blauholz seiner Güte und seinem Werthe nach beurtheilen lernen, so muß man beim Ankauf Folgendes beobachten:

1) Das Campeche-Blauholz, welches sich in Südamerika in großer Menge findet und seinen Namen daher hat, weil es aus der Bay von Campeche eingeladen und ausgeführt wird und das beste unter allen bekannten Blauholzsorten ist, kommt im Handel gewöhnlich in großen Stücken, inwendig von braunrother Farbe

und mit harzartigen Streifen durchzogen vor. Mit Speichel im Munde befeuchtet, ist es von süßlichem Geschmack, ohne weiße Rinde (Splint) und specifisch schwerer an Gewicht, als andere Blauhölzer.

2) Das Tabasco-Blauholz ist dem Campeche-Blauholz zwar ähnlich in der Form, jedoch leichter und von geringerer Güte.

3) An das vorstehende Blauholz reiht sich das Honduras- und Domingo-Blauholz; dasselbe ist in gefurchten Stücken von braun-gelb-rother Farbe und leichter als die vorgenannten Sorten, deshalb auch im Preise billiger.

4) Das Jamaika-Blauholz ist in langen, dünnen Stücken, die mit Splint überzogen sind, von hellbraun-röthlicher Farbe und leicht. Dasselbe ist von ganz geringer Güte und des Auskochens nicht werth.

Betrügerische Holzmüller und Kaufleute benutzen das letztere nur, um ein gutes Blauholz in geraspeltem oder gemahlenem Zustande zu verfälschen und um redlichen Farbwaarenhändlern den Preis herabzudrücken.

Um die Güte eines Blauholzes zu ergründen, hat man folgendermaßen zu verfahren. Man bringt in ein beliebiges kleines Gefäß eine abgewogene Menge reines, kochendheißes Wasser, setzt der Flüssigkeit eine ebenfalls genau abgewogene Menge des zu prüfenden Blauholzes in mit einem Messer fein geschnittenem oder geraspeltem oder gemahlenem Zustande hinzu, läßt diese Blauholzflüssigkeit 15 Minuten lang stehen und bringt alsdann einen Streifen weißes Papier in dieselbe. Nach einigen Stunden nimmt man diesen Streifen Papier heraus, worauf er eine violetschwarze Farbe angenommen haben wird. Hierauf wird derselbe getrocknet. Mit dem Blauholz, dessen Güte man zweifelhaft findet, nimmt man nun daffelbe Verfahren vor. Je dunkler sich der in der Blauholzflüssigkeit gefärbte Papierstreifen zeigt, von desto besserer Güte ist das Blauholz.

Beim Ankauf des in den Handel kommenden, feucht gemahlenen Blauholzes muß sehr vorsichtig verfahren werden; nicht allein daß demselben auf 100 ℔. 25 bis 30 ℔. Wasser hinzugesetzt ist, wird man auch oft finden, daß der Splint von gutem Blauholz, um demselben eine dunkle, angenehme, braunrothe Farbe zu ertheilen, sowie crystallisirte Soda oder Pottasche beigemischt worden ist.

Diese Art Blauhölzer ergeben beim Färben kein gutes, richtiges Resultat. Nach längerem Aufbewahren zeigen sich dieselben oft völlig unbrauchbar (verdorben), denn das ihnen eigenthümliche Laugensalz hat sich verflüchtigt.

Blauholz-Extract (nicht giftig).

Der im Handel vorkommende Blauholz-Extract ist für die Baumwollen- und Pelzwaarenfärberei von großem Nutzen und es ist hierbei nicht nöthig, das geraspelte oder gemahlene Blauholz zwei- bis dreimal stundenlang in reinem Wasser auszukochen, um eine starke Blauholzflüssigkeit zu erzeugen.

Der Blauholz-Extract wird in den Wäldern Amerika's von den beim Fällen des Blauholzstammes vorkommenden Abfällen durch Kochen und Abdunsten der Flüssigkeit dargestellt. Natürlich wird dort auf den Werth des Brennmaterials, wie Holz und dergleichen, kein Werth gelegt, woher es kommt, daß derselbe zu so billigen Preisen zu bekommen ist.

Der Blauholz-Extract bildet eine feste Masse von schwarzbrauner, glänzender Farbe und ist in 25 bis 50 ℳ. schweren hölzernen Kisten verpackt. Namentlich haben sich die Nordamerikaner, vorzüglich die Speculanten und Kaufleute in New-York, des Handels mit Blauholz-Extract bemächtigt, die denselben nach Europa ausführen (exportiren).

Die Preise des Blauholz-Extracts sind bei der großen Zufuhr oft so billig, daß sich der Schönfärber, Pelzfärber oder Fabrikant nicht genug wundern kann, denn der Preis ist in Hamburg das Pfund oft nur 3 bis 4 Silbergroschen.

Die Lösung desselben wird sehr einfach und zwar in der zu färbenden kochenden Flüssigkeit bezweckt. Ein Pfund Blauholz-Extract ersetzt die Abkochung von 5 ℳ. Blauholz im geraspelten Zustande. Derselbe findet zum Schwarz- und Braunfärben Anwendung.

Blaustein, eigentlich schwefelsaures Kupfer (giftig), Grünspan, essigsaures Kupfer (giftiger).

Derselbe wird durch Auflösen des Kupfers in mit Wasser verdünnter Schwefelsäure (englischem, nicht rauchendem Vitriolöl) im Großen erzeugt und ist in saphirblauen, unregelmäßigen Krystallen, welche im frischen Zustande 25 Theile Wasser enthalten, auch oft weniger. Nach längerem Aufbewahren des Blausteins verflüchtigt sich dasselbe an der Luft, der Blaustein wird mit einem weißen Staub überzogen und zerfällt zuletzt in ein bläuliches Pulver, welches nutzlos ist. Der Blaustein findet in der Pelzfärberei zum Schwarz- und Braunfärben gute Anwendung und ist für die thierischen Haare nicht zerstörend (fressend), auch ertheilt er denselben, richtig angewandt, eine besondere Weichheit und Elasticität. Der Blaustein ersetzt den giftigern Grünspan vollkommen.

Curcumä, auch Terra Merita genannt (nicht giftig),

ist die Wurzel oder Knolle einer in Ostindien wachsenden Pflanze, äußerlich von gelblich-grauer Farbe, im Bruch eine dunkle Orangefarbe zeigend.

Im Klein- (Detail-) Handel kommt dieselbe in fein gemahlenem Zustande vor.

Die Güte der Curcumä beruht darauf, daß dieselbe von Orangefarbe ist, einen eigenthümlichen Geruch besitzt und sich beim Befeuchten fettig anfühlen läßt. Die Ausgiebigkeit und Schönheit der mit derselben erzeugten gelben Farben läßt nichts zu wünschen übrig, jedoch ist es der Chemie bisher noch nicht gelungen, dieselbe auf den zu färbenden Zeuchstoffen und Pelzwaaren so zu befestigen, daß die mit derselben dargestellten Farben der atmosphärischen Luft widerstehen, sondern von derselben leicht entfärbt (zerstört) werden.

Die Curcumä kann nur dazu dienen, eine Farbe, die einen gelblichen Schein verlangt, galvanisch zu vergolden.

Catechu, fälschlich Terra Catechu benannt (nicht giftig).

Das im Handel vorkommende echte Catechu ist der verdickte Saft der Mimosa Catechu, eines Strauches, der nur in Südamerika heimisch ist. Das Catechu wurde vor mehr als hundert Jahren in der Medicin als zusammenziehendes (abstringirendes) Mittel bei vielen Krankheiten gebraucht, und war damals nur dem Apotheker von Werth, jedoch haben die jetzigen Chemiker es auch dem Färber,

Gerber und den Pelzwaaren färbenden Kürschnern für ihre Zwecke zugänglich gemacht.

Das echte Catechu wurde zuerst in Glasgow und Manchester in Verbindung mit rothem chromsauren Kali in Anwendung gebracht und es wurden in den bemerkten Orten für die Baumwollen- und Seiden-Fabrikate zum Färben schwarzer und brauner Zeuchstoffe wichtige Resultate damit erzielt. . Diese Entdeckung benutzte sofort ein Jude in London; er färbte Seehundsfelle damit braun und schwarz, auf einfachem Wege, und ist dadurch reich geworden. Im kleinen Betrieb ist jedoch nicht auf großen Vortheil zu rechnen, doch ist die Arbeit lohnend. In der 5. Abtheilung dieses Bändchens, welche vom Färben der gesammten Pelzwaaren handelt, wird das Verfahren beim Färben derselben gründlich mitgetheilt.

Das echte Catechu kommt im Handel in 125 bis 150 Pfd. schweren Säcken von Leinwand verpackt vor; dasselbe ist im echten Zustande von dunkler, brauner Farbe und leicht im Bruch, und hat beim Benetzen mit Speichel einen bitteren, zusammenziehenden Geschmack.

Eine andere Sorte von echtem Catechu ist die Terra-Japonica. Dieselbe ist in zweizölligen Quadratstücken von gelbbrauner Farbe, im Bruch mit bräunlichen Stellen durchzogen. Diese Sorte ist nur zum Gerben der verschiedenen Lederarten, aber nicht zum Färben vortheilhaft anzuwenden; sie enthält nur die Hälfte des Farbstoffs (Pigments), als das echte braune Catechu.

Dividivi (Brasil-Galläpfel).

Das Dividivi ist der Fruchtkern eines in Südamerika wachsenden Baumes. Dasselbe ist in größerer Form, als die echten Aleppo-Galläpfel, leicht, von gelblicher Farbe, enthält wenig Farb- und Gerbstoff und findet daher in den technischen Gewerben in der Neuzeit wenig Anwendung mehr.

Eisenvitriol (giftig).

Der Eisenvitriol, eigentlich schwefelsaures Eisen, fälschlich auch Kupferwasser genannt, ist eine sehr wichtige Substanz für alle Zweige der Färberei. In der Pelzfärberei findet derselbe in Verbindung mit Blauholz, Galläpfeln, Sumach ꝛc. zur Darstellung der schwarzen und grauen Farben Verwendung.

Der Eisenvitriol wird namentlich in England, Preußen, Sachsen, und zwar in Gegenden, wo Eisengruben bestehen und sich Schwefeleisenkies findet, im Großen erzeugt. Der Schwefeleisenkies wird in kleinen Haufen geschüttet an die Luft gebracht und mit kaltem Wasser befeuchtet; nach und nach zieht derselbe den Sauerstoff aus der Luft an und bildet schwefelsaures Eisen. Die Masse wird mit reinem Wasser ausgelaugt und zum Crystallisiren gebracht; die entstandenen Crystalle bilden unförmliche Stücke von blaugrüner Farbe und zusammenziehendem Geschmack. Nach längerem Aufbewahren nimmt derselbe eine gelbliche Farbe an, welches der Güte desselben jedoch nicht nachtheilig ist.

In manchen Gegenden, namentlich am Harz, zeigt er sich in dunkler, olivengrüner Farbe und ist von eigenthümlich süßlichem Geruch; derselbe ist aber ebenfalls brauchbar.

Der französische Eisenvitriol enthält vielfach Zink beigemischt, welches demselben jedoch schädlich ist.

Essigsaures Eisen (nicht giftig).

Das essigsaure Eisen, auch Eisenbeize genannt, findet nur in einigen Fällen bei der Pelzfärberei Anwendung. Die Bereitung desselben ist sehr einfach und wird folgendermaßen vollzogen.

Man reinigt altes Eisenblech (jedoch kein Gußeisen) in reinem kalten Wasser mittelst einer Bürste von allem anhängenden Schmutz und setzt dasselbe der freien Luft aus, wobei man es von Zeit zu Zeit mit geringem Getreideessig benäßt. Nach längerer Zeit bildet sich auf demselben der Eisenrost; bemerkt man dies, so bringt man dasselbe in eine hölzerne Tonne, welche am unteren Theil mit einem hölzernen Krahn versehen ist, und überschüttet es mit geringem Getreide- oder Bieressig. In diesem Zustande läßt man diese Flüssigkeit einige Tage lang verbleiben. Nach Verlauf dieser Zeit zieht man die Flüssigkeit von Zeit zu Zeit vom Eisen ab in ein anderes Gefäß, worauf sie wieder auf das Eisen geschüttet wird. Diese Operation wird aus dem Grunde vollzogen, um die Flüssigkeit mit dem Sauerstoff der Luft in Berührung zu bringen, ist jedoch nicht durchaus nothwendig.

Nach einigen Wochen hat sich das essigsaure Eisen gebildet; es ist eine klare, gelbliche Flüssigkeit von eigenthümlichem Geruch und zusammenziehendem Geschmack und kann in diesem Zustande zum Färben, namentlich zu Schwarzgrau, in Anwendung gebracht werden. Das essigsaure Eisen ist nicht so fressend für das Haar, als der Eisenvitriol.

Die Güte desselben wird nach längerem Verbleiben in dem beschriebenen Zustande immer besser. Ist die essigsaure Eisenflüssigkeit zum Färben verbraucht, so wird das Eisen wiederum gereinigt und wie oben angegeben verfahren, welches man, um immer von dieser Flüssigkeit einen Vorrath zu haben, wiederholen kann.

Erlenrinde (nicht giftig).

Die Erlenrinde verdient in der Seiden-, Baumwollen-, Leinen- und Pelzfärberei durchaus mehr Beachtung, als derselben bisher zu Theil wurde. Zur Darstellung der braunen und schwarzen Farben ist sie das geeignetste Farbmaterial und wegen ihrer Billigkeit äußerst vortheilhaft. Dieselbe enthält nicht allein Gerbstoff, sondern ist auch reich an färbender Substanz und verbindet sich leicht mit dem Eisenvitriol, mit den Laugensalzen und dem Kalk. Man kann sich die Erlenrinde sehr leicht und billig von den Holzarbeitern verschaffen, namentlich von Holzdrechslern, welche viel Erlenholz verarbeiten und dasselbe vorher entschälen.

Die im Frühjahre von jungen Erlen gewonnene Rinde ist die beste; dieselbe wird getrocknet und zum Gebrauch beim Färben aufbewahrt.

Fernambuk (nicht giftig)

ist das Stammholz eines in Südamerika wildwachsenden Baumes. Der Name desselben rührt daher, weil es früher nur allein vom Hafen der Stadt Fernambuko ausgeführt werden durfte.

Dasselbe ist nicht mit Splint (weißer Rinde) versehen, auswendig von braunrother, inwendig von rothgelber Farbe, ohne Geruch und Geschmack; die Stücken sind mit einem verschobenen U von der Regierung daselbst gezeichnet, da dieselbe sich allein das Eigenthum angemaßt hat, wodurch der hohe Preis desselben entstanden ist.

Das sogenannte Fernambukholz hat in der Färberei nicht mehr den Werth, den es vor ungefähr hundert Jahren hatte, denn die mit der Chemie und Farbwaarenkunde vertrauten Schönfärber und Fabrikanten aller Zweige färben jetzt mit dem Costarika-, St. Martens- und dem Japan-Rothholz um den vierten Theil billiger und eben so schön, als mit dem gewöhnlich gefälschten Fernambukholz.

Galläpfel (nicht giftig).

Die Galläpfel, auch Gallus genannt, entstehen durch den Stich eines Insects auf den Blättern verschiedener Eichengattungen, wodurch sich auf denselben ein nußartiger Körper bildet, der, wenn er zur Reife gelangt ist, gesammelt, getrocknet und unter dem Namen Galläpfel in den Handel gebracht wird. Die besten sind die aus der Türkei herstammenden und auf der sogenannten Zwergeiche gesammelten Galläpfel, welche unter dem Namen Aleppo-Gallen in Haarsäcken verpackt in den Handel gebracht werden. Dieselben sind in $1/2$ bis 1 Zoll langen Stücken von rundlicher Form, stachelig, ziemlich schwer, von schwarzgrünlicher, im Bruch gelblicher Farbe und von bitterem, zusammenziehendem Geschmack.

Die im Handel vorkommenden italienischen und istrischen Galläpfel sind fast ohne Werth. Dieselben sind zwar größer in ihrer Form, als die von Aleppo, und von gelbbräunlicher Farbe, ohne Stacheln und leicht, zum Färben aber fast gar nicht zu benutzen.

Der Gallus findet nicht allein zum Ledergerben, sondern auch in allen Zweigen der Färberei zweckmäßige Verwendung.

Indigo-Carmin (nicht giftig).

Der Indigo ist der Saft der Anilpflanze, welche vorzüglich in Ostindien gedeiht. Dieser Saft wird durch gewisse künstliche Behandlung so verdichtet, daß derselbe einen Satz bildet, welcher getrocknet und als Indigo in den Handel gebracht wird. In diesem natürlichen Zustande ist mit demselben aber keine echte blaue und haltbare Farbe zu erzielen, denn er muß hierzu erst in Laugensalzen (Alkalien) oder Säuren gelöst werden.

Für den Baumwollendruck und die Blaufärberei wird diese Lösung des Indigo durch Eisenvitriol und Kalk vollzogen (der Indigo reducirt). In fein pulverisirtem Zustande wird der Indigo dagegen durch Schwefelsäure von 80 Grad nach Beaumé's Säurenmesser vollkommen gelöst.

Für 1 ℔. Indigo bringt man 3 ℔. Schwefelsäure (sogenanntes Nordhäuser Vitriolöl) in Verwendung und verdünnt dieselbe nach 24 Stunden bei fortwährendem Umrühren mit einem Glasstäbchen nach und nach mit 6 Pfd. reinem kalten Wasser.

In diesem Zustande ist diese Indigolösung nur für Grün zum Färben der Schafwolle mit Nutzen anzuwenden; auf andere Naturproducte, als Baumwolle, Seide, Pelzwaaren ꝛc., übt dieselbe beim Blau- und Grünfärben wegen der in derselben enthaltenen Vitriolsäure eine fressende, den Stoff zerstörende Wirkung aus. Dieselbe zu entfernen, ist aber eine umständliche, zeitraubende Operation. Diese Schwierigkeit aber, den vitriolölsauren Indigo von der Säure zu befreien, ist jetzt durch ein chemisches Verfahren und zwar vermittelst der Soda gehoben. Der jetzt im Handel vorkommende Indigo-Carmin bildet eine teigartige Masse von violetblauer Farbe; mit reinem Wasser befeuchtet oder gelöst, zeigt sich das schönste Blau. Der Indigo-Carmin findet in der Neuzeit in allen Zweigen der Färberei Verwendung und ist in chemischen Fabriken käuflich zu haben.

Sumach (nicht giftig).

Der Sumach, gewöhnlich Schmak genannt, besteht aus den gemahlenen Blättern des Sumach-Strauches, welcher in vorzüglicher Güte in Sicilien und Italien gedeiht. Derselbe kommt gewöhnlich in gelbgrünlichem Pulver von bitterm, zusammenziehendem Geschmack und in Säcken verpackt im Handel vor. Der beste ist der von Sicilien. Nach diesem folgt der Veroneser und der Triester. Die anderen Sorten von Malaga ꝛc. sind fast ganz werthlos. Ein lange Zeit aufbewahrter Sumach zeigt eine graugelbliche Farbe, ist ohne zusammenziehenden Geschmack und fast gänzlich unbrauchbar.

Der Sumach findet in der Ledergerberei sowohl, wie in der Färberei Verwendung und ersetzt die Galläpfel.

Kalk, Kalkerde, Kalkhydrat (giftig), Chlorkalk.

Im reinen Zustande kommt derselbe in der Natur nicht vor, sondern ist stets an Säuren gebunden. Künstlich stellt man denselben durch Brennen von Kalksteinen, Muscheln, Kreide ꝛc. dar, durch welches Brennen man bezweckt, daß die in dem rohen Kalksteine enthaltene Kohlensäure durch angemessene Hitze ausgetrieben wird und dadurch der für viele technische Gewerbe und chemische Producte so wichtige Aetzkalk entsteht. Die aus den Muschelschaalen, namentlich der Austern, und der Kreide erzeugten Kalkarten sind nicht ätzend und nur zu Maurerarbeiten zweckmäßig.

Die Güte des Kalks beruht darauf, daß derselbe mit einer weißgrauen Kruste überzogen ist, mit Wasser befeuchtet sich erhitzt und eine chemische Verbindung eingeht, in deren Folge er zu einem weißen Pulver zerfällt (Kalkhydrat).

In reinem Wasser ist der Kalk schwer löslich; der Luft ausgesetzt, zieht derselbe Kohlensäure an, stirbt ab und wird unbrauchbar, weshalb es zweckmäßig ist, denselben im natürlichen Zustande in gut verschlossenen Fässern aufzubewahren.

Guter, gebrannter Steinkalk muß in Stücken von weißgrauer Farbe sein, beim Angriff klingen, nicht steinigt erscheinen und sich, mit reinem kalten Wasser befeuchtet, zu einem weißen Pulver (Kalkhydrat), wie bereits oben bemerkt, bilden. In solchem Zustande ist derselbe zu jedem Zweck dienlich und kann lange Zeit aufbewahrt werden.

Der Kalk dient, wie schon gedacht, nicht allein in der Gerberei, sondern auch in allen Zweigen der Färberei, und ist überhaupt zu vielen gewerblichen Zwecken unentbehrlich.

Der chlorigsaure Kalk, welcher unter dem Namen Bleichpulver im Handel vorkommt, ist ein mit Salzsäure (Chlor) gesättigtes Kalkhydrat, dessen Darstellung in Bleikammern vollzogen wird. Derselbe kommt gewöhnlich pulverartig und in Fässern verpackt im Handel vor, ist von weißgrauer Farbe und von eigenthümlichem, stechendem Geruch. In reinem heißen Wasser gelöst, findet er vorzüglich zum Bleichen der Baumwollen- und Leinwandstoffe Verwendung.

Früher wurde dieses Product vorzüglich in England, jetzt jedoch eben so vollkommen auch in Deutschland bereitet (Bleich- oder Fleckwasser).

Weinstein (nicht giftig).

Der Weinstein, im gereinigten Zustande Crystall Tartari genannt, ist keine färbende Substanz, sondern dient nur dazu, die Pigmente (Farbmaterialien) anzuziehen und zu befestigen, sowie denselben eine gewisse Weichheit zu ertheilen. Dies Letztere ist hauptsächlich bei dem Färben der Pelzwaaren sehr zweckmäßig.

Der im Handel vorkommende Weinstein wird aus dem unreinen Wein gebildet, welcher sich wie eine Rinde (Kruste) an die Fässer anlegt. Je länger der Wein in den Fässern lagert, desto besser zeigt sich der Weinstein aus denselben.

Man unterscheidet rothen und weißen; dieser Unterschied bewirkt jedoch beim technischen Gebrauch kein Mißlingen der Arbeit, wenn das Product nur gut und brauchbar ist.

Der reine Weinstein, ob von röthlicher oder röthlich-weißer Farbe, muß in möglichst $1/2$ bis 2 Zoll großen Stücken, ohne erdigen Staub (Gruß), hart und im Bruch glänzend sein, sowie einen angenehm sauren Geschmack zeigen.

Der Crystall Tartari (im gepulverten Zustande auch Cremortartari genannt) ist ein Präparat, welches aus dem gewöhnlichen Weinstein durch Reinigen desselben dargestellt wird.

Derselbe kommt im Handel in weißen glänzenden Crystallen von angenehm säuerlichem Geschmack vor. Er enthält natürlich mehr Weinsäure, als der natürliche Weinstein, und findet nicht allein in der gesammten Färberei, sondern auch in der Medicin vielfache Anwendung.

Zinnbeizen (Zinnsalz).

Die Zinnbeizen, welche auch unter den verschiedenen Namen, wie salzsaures Zinn, salpetersaures Zinn, schwefelsaures Zinn, Zinnsalz, bekannt sind, finden in allen Zweigen der Färberei, Druckerei und Pelzwaarenfärberei Anwendung und sind giftig.

Die empirische oder handwerksgemäße Bereitung derselben wurde früher sehr umständlich und vielfach mißlingend vollzogen. Nach dem jetzigen erprobten Verfahren ist eine für alle Färbzwecke vollkommene, dem Verderben nicht unterworfene Zinnbeize darzustellen.

Man bringt in einen glasirten Steintopf, etwa 4 bis 6 Zoll vom Rande, eine beliebige Menge käufliche **Salzsäure** von 22 Grad Stärke nach Beaumé's Säurenmesser und setzt derselben für jedes Pfund 5 *Lth.* reines **Zinn** in geraspeltem oder gedrehtem Zustande hinzu. Die Lösung des Zinns geht hierauf sofort vor sich und man hat keine Gefahr zu fürchten. Nach Zeit von 24 bis 48 Stunden ist die Lösung des Zinns vollzogen und man bewahrt dieselbe zum Gebrauch auf. Dem Verderben ist sie niemals unterworfen.

Die Zinnbeize dient zur Darstellung der rothen und gelben Orangefarben für Schafwolle, sowie für Pelzwaaren.

Das im Handel vorkommende Zinnsalz ist eine Lösung des Zinns in Salzsäure. Es besteht sowohl in weißen, als auch gelblichen nadelförmigen Crystallen und zerfließt leicht an der Luft. Man muß dasselbe daher in verschlossenen Gefäßen aufbewahren.

Das Zinnsalz findet ebenfalls, wie die Zinnbeize, in der Pelzfärberei Anwendung.

Alle diese vorbemerkten Salze, Säuren und Farbmaterialien finden für die gesammte Pelzfärberei nur durch Prüfung praktische Anwendung.

Alle sonst empfohlene chemische Präparate, als Quecksilbersublimat, Sandel, Krapp ꝛc., beruhen auf Charlatanerie und sind unnütz. Letztere können auf dem Stoff durchaus nicht haften und durchdringen denselben, da das Färben dieser Naturproducte nicht kochend vollzogen werden kann und darf.

Wer sich übrigens mit der gesammten chemischen Farbwaarenkunde gründlich bekannt machen will, der thut wohl, sich das „Lehrbuch der Farbwaarenkunde", welches ebenfalls bei dem geehrten Herrn Verleger dieses Werkchens, Herrn F. Volckmar (Firma: C. F. Amelang's Verlag), zu haben ist, anzuschaffen, welches derselbe durch den billigen Preis jedem meiner Kunstgenossen zugänglich gemacht hat.

Der Salmiak, sowie die vom Buchenholz erzeugte Asche, finden ebenfalls zur Pelzfärberei in einigen Fällen Verwendung. Uebrigens hüte man sich vor so manchen angepriesenen Recepten, von denen man nicht gewiß weiß, daß sie nutzbringend sind.

Zweite Abtheilung.

1.

Die in den Handel gebrachten und zum Färben bestimmten Thierfelle (Pelzwaaren), als Biber-, Seehund- (Robben-), Bären-, Schaf- und Lammfelle (Schmaschen*), Marder und Astrachan, werden vor dem Färben keiner besondern Vorbereitung unterworfen, wie dies bei dem Färben des Saffians und Corduans geschieht, wo die Felle einer vorherigen Gerbung unterzogen werden müssen. Bei den zum Färben bestimmten Pelz- oder Rauchwaarenfellen ist es vor allen Dingen nothwendig, daß dieselben, nachdem sie von den Thieren abgezogen, möglichst egal (gleichförmig) an der Luft getrocknet werden. Um diese Pelzwaaren sowohl im gefärbten als ungefärbten Zustande gut zu conserviren oder gegen Mottenfraß zu schützen, ist folgendes einfaches Verfahren am zweckmäßigsten. Die Pelzwaaren dürfen nämlich nur in einem dunklen Raum oder Local von Zeit zu Zeit durch Ausklopfen mit einem Stock von dem ihnen anhängenden Staub befreit werden, denn die Erfahrung hat gelehrt, daß es zweckwidrig ist,

---

*) Felle von ungeborenen Lämmern.

dieselben an der freien Luft auszuklopfen, da sich die in derselben fast unsichtbaren Insecten, wie Motten und Milben, dadurch in die Pelzwaaren ziehen und den Anlaß zum Verderben der Pelz- oder Rauchwaaren geben. Ueberhaupt können dieselben nur im unverdorbenen Zustande gefärbt werden.

Dasselbe Verfahren findet auch bei Pelzbekleidungsgegenständen Anwendung. Nachdem dieselben ausgeklopft, bringt man sie in wohlverschlossene Kisten zum Aufbewahren. Nutzlos erweist es sich, dieselben mit rohem Tabak oder Alaun zu bestreuen, und ein sinnloses, lebensgefährliches Verfahren ist es, die Rauchwaaren mit gepulvertem Arsenik einzureiben.

2.
Das Auskochen der zum Pelzfärben nöthigen Farbsubstanzen (Decocte).

1) Das vorherige Auskochen der zum Färben nöthigen Farbsubstanzen ist nicht allein zeitersparend, sondern man kann das Färben auch sicherer vollziehen, vorzüglich wenn man Vielerlei und im Großen zu färben hat.

Man kann zu dem Auskochen entweder einen kupfernen oder einen eisernen, oder einen emaillirten eisernen Kessel von hinlänglicher Größe in Gebrauch nehmen. Bei dem Auskochen hat man ferner darauf zu achten, wie viel reines Wasser man zum Auskochen der Farbsubstanzen in Anwendung bringen kann; kocht man nämlich in 10 Eimern reinem Wasser 20 ℔. Blauholz ꝛc. aus, so kommt natürlich auf jeden Eimer 2 Pfund desselben. Die Abkochungen können in einem reinen Tannenholzgefäß bis zum Gebrauch aufbewahrt werden.

Dasselbe Verfahren ist auch bei Anwendung der Goldglätte (Silberglätte) sehr zweckmäßig. Diese metallische Substanz ist sowohl im kalten als heißen Wasser nicht vollkommen lösbar; in solchem Zustande aber kann dieselbe nicht wirkend sein, daher meist ein Mißlingen der Farben entsteht. Man verfährt hierbei ebenso wie beim Auskochen des Blauholzes u. s. w., nämlich daß man in einer bestimmten Menge reinem Wasser ein bestimmtes Quantum Goldglätte $1/2$ bis $3/4$ Stunden lang kochen läßt, nach dem Erkalten der Flüssigkeit dieselbe von dem etwa sich vorfindenden Bodensatz behutsam abklärt und in einem Tannenholz- oder Steingefäß zum Gebrauch aufbewahrt.

Mit den Galläpfeln (Gallus) und Sumach (Schmak) sollte man dasselbe Verfahren beobachten.

Einen großen Vortheil für die gesammte Färberei, namentlich auch für die Pelzwaarenfärberei, gewährt es, daß man in der Jetztzeit Extracte im trockenen Zustande von allen bekannten Farbhölzern in den Handel bringt. Einige Färber und Fabrikanten hegen zwar ein Vorurtheil gegen die Anwendung derselben; es wird ihnen jedoch die Praxis lehren, daß sie namentlich für die Pelzwaarenfärberei sehr zweckmäßig und vortheilhaft sind, da dieselben in kochendheißem reinen Wasser vollkommen lösbar sind und sie in diesem Zustande zum Färben in Anwendung bringen können. Auch läßt sich das zum Färben anzuwendende Quantum derselben sicherer bestimmen.

Die verschiedenen Farbholzextracte werden in 25 bis 50 Pfund schweren Kistchen von Amerika aus in den Handel gebracht.

Hegt man daher gegen die sogenannten Farbextracte kein Vorurtheil, so fährt man, wie bemerkt, mit denselben zweckmäßiger und jederzeit billiger, da vorzüglich für die Pelzwaarenfärberei die Farbflüssigkeiten (Flotte, Brühe) in möglichst verdichtetem Zustande (concentrirt) sein müssen.

Das Auskochen der verschiedenen Farbhölzer, welche zu diesem Behuf in trockenem, geraspeltem oder gehobeltem Zustande sein müssen, wird auf folgende Weise vollzogen.

Man füllt einen Kessel mit reinem Flußwasser in der oben angedeuteten Quantität, setzt der Flüssigkeit die nöthige Menge Farbholz hinzu, erhitzt dieselbe nach und nach gelinde und bringt sie zum Kochen, in welchem Zustande man sie 1 Stunde lang erhält. Die Flüssigkeit wird später aus dem Kochen gebracht und nach Zeit von 15 Minuten die Blauholzflüssigkeit von dem im Kessel befindlichen Blauholz behutsam abgeklärt und in das zum Aufbewahren bestimmte Tannenholzgefäß gebracht.

2) Die Operation des Auskochens mit derselben Menge reinem Wasser wird wiederholt und diese zweite Abkochung zu der ersteren gebracht.

Die Abkochung des Rothholzes wird nach demselben Verfahren vollzogen.

3) Der frische oder jährige Sicilianische Sumach (Schmak) wird auf dieselbe Weise, jedoch nur einmal, $1/2$ Stunde lang ausgekocht. Derselbe ersetzt die Galläpfel zwar nicht so vollkommen, jedoch genügend.

Bei nicht zu hohen Preisen sind die Galläpfel, namentlich die von Aleppo im Handel vorkommenden die beste Sorte und zum Gerben und Färben aller Naturproducte die zweckmäßigste Substanz. Dieselben zu brennen ist eine ganz zweckwidrige Operation, die in das Feld der Charlatanerie gehört, jedoch hin und wieder noch geschieht. Der bemerkte echte Aleppo-Gallus bedarf keines Brennens, sondern kann im regulirten Zustande nach bekanntem Verfahren angewandt werden. Für 1 ℳ. desselben im zartgepulverten Zustande braucht man 8 bis 10 Berliner Quart reines Wasser, worin derselbe $1/2$ Stunde lang gelinde ausgekocht wird, worauf man dann die erhaltene Gallus-Flüssigkeit vom Bodensatz abklärt und dieselbe in Anwendung bringt. Der Rückstand des Gallus wird, da derselbe noch färbende Substanz enthält, getrocknet und mit frischem Gallus gemischt nochmals ausgekocht.

4) Die Ab- oder Auskochung des Catechu, das in England in der Pelzfärberei jetzt vielfach angewandt wird, wird folgendermaßen einfach vollzogen. Man füllt den Kessel mit reinem Wasser, setzt für jeden Eimer (20 ℳ.) der Flüssigkeit 2 ℳ. käufliches echtes braunes Catechu in gröblich zerstoßenem Zustande hinzu, erhitzt dieselbe zum Kochen und erhält sie $1/2$ Stunde lang gelinde darin. Das Catechu ist nach Verlauf dieser Zeit völlig gelöst, und kann in diesem Zustande zum Braun- und Schwarzfärben der Pelzwaaren in Anwendung gebracht werden. Dasselbe kann auch vorräthig in einem Eichen- oder Tannenholzfaß aufbewahrt werden und jederzeit zum Gebrauch dienen.

Die anderen nöthigen chemischen Substanzen, irrigerweise auch Species genannt, sind in diesem Werkchen bei jeder Farbe richtig, wie in allen meinen früheren Schriften und Recepten, auch bei dem geringsten Quantum, gewissenhaft bemerkt, so daß in diesem Falle kein Irrthum entstehen kann.

Nach diesen practischen Erläuterungen kann man nun folgendermaßen zum Färben aller bekannten Pelz- oder Rauchwaaren, wie der Hasen-, Kaninchen-, Robben- (Seehunds-), Marder-, Iltis-, Otter-, Biberfelle, Schmaschen (Lammfelle) und der Schafwollfelle schreiten.

Dritte Abtheilung.

Von den schwarzen Farben für Pelzwaaren.

1.

Das Schwarzfärben der Katzen-, Seehunds- (Robben-), Hunde-, Hasen-, Kaninchenfelle, Schmaschen (Lammfelle).

Man bringt in der Pelz- oder Rauchwaarenfärberei zwei verschiedene Verfahrungsarten in Anwendung, nämlich die Aufstreich- und die Tunk- oder verständlicher die Eintauchfarbe.

Die Aufstreichfarbe, von den technischen Pelzwaarenfärbern Deckung genannt, findet nur zum Färben der Katzen-, Seehund- und der anderen bemerkten Felle, die Eintauchfarben dagegen für Bären-, Wolfs- und Schafwollfelle und jede Gattung ähnlicher Felle Anwendung.

Die Hauptbedingung zum Färben aller Pelzwaaren ist die Basis (Grund oder Mordant) verschiedener Farbestoffe und Substanzen, nämlich Galläpfel, Kalk, Blei- oder Silberglätte (auch Goldglätte genannt); dies ist der Grund für alle Farben der genannten Felle. Mehr oder weniger dieser Substanzen nebst Farbmaterial (Pigment) in Anwendung gebracht, erzeugt namentlich in Braun hellere oder dunklere Farben; auf diesem Wege werden auf dem Fell mehrere Schattirungen (Nüancen) von Hell= bis Dunkelbraun in beliebigen Mustern dargestellt.

Die Vorbereitung der Felle, um dieselben zum Färben geschickt zu machen, wird in der Pelzfärberei die Tödtung genannt. Dies ist bei derselben die wichtigste Operation oder Handlung, und muß durch die größte Aufmerksamkeit geregelt vollzogen werden. Wie bemerkt, kann und sollten die nöthigen Substanzen, als Silberglätte, Kalk, Aschenlauge, Blau- und Rothholz, für den größeren Betrieb stets als Vorrath bereitet und abgekocht sein, um dieselben zum Tödten (Beizen) und Färben nach den Regeln mischen zu können. In dieser Arbeit liegt das bisherige Mißlingen beim Färben, nämlich dergestalt, daß die gefärbten Pelzwaaren als in der Farbe gänzlich verdorben erschienen. Man mischte und kochte früher gänzlich entgegenwirkende Substanzen zusammen und erlangte deshalb kein günstiges Resultat. Am besten läßt man die Felle in der Beizflüssigkeit ½ Stunde lang gelinde kochen, alsdann die Flüssigkeit vom Bodensatz abklären, bringt diese in so viel reines, kaltes Wasser, daß die Felle mit demselben hinreichend bedeckt werden, und läßt sie 12 Stunden lang darin verbleiben, nach welcher Zeit sie herausgenommen werden, um die Beizflüssigkeit von denselben abtropfen zu lassen, und schreitet nun zur zweiten Tödtung, welche folgendermaßen vollzogen wird.

Zweite Tödtung: 8 *Lth.* Buchenasche, 2 Berliner Quart essigsaures Eisen und 1 *A.* Eisenvitriol (Kupferwasser) werden in 8 Berliner Quart (16 Pfund) reinem warmen Wasser gelöst. Nachdem dies geschehen, bringt man diese Beizflüssigkeit in so viel Wasser, daß die Felle davon hinreichend bedeckt werden können, thut nun dieselben hinein und läßt sie ebenfalls 12 Stunden lang darin verbleiben; alsdann werden sie herausgenommen und leicht mit reinem kalten Wasser gespült und folgendermaßen schwarz gefärbt.

Zu diesem Behuf füllt man einen kleinen eisernen oder kupfernen Kessel mit 2 Eimer (20 Pfund) reinem Wasser, erhitzt die Flüssigkeit und läßt in derselben 2 ℔. **Campeche-Blauholz** in trocken geraspeltem Zustande, sowie ½ ℔. zartgepulverte **Galläpfel** 1 Stunde lang auskochen, klärt die Flüssigkeit vom Bodensatz ab und setzt derselben 1 ℔. **Eisenvitriol (Kupferwasser)** und 2 ℔. **Grünspan**, welcher einige Tage vorher in 1 Pfund reinem heißen Wasser gelöst ist, hinzu, bringt diese Farbesubstanzen in ein Gefäß von soviel handheißem Wasser, damit die vorbereiteten und geprüften Felle, nachdem man sie hineingebracht, davon gut bedeckt werden können. Nun läßt man sie nach dem bekannten Verfahren darin herumarbeiten und 24 Stunden lang darin verbleiben, worauf sie dann herausgenommen, leicht gespült und appretirt werden und somit fertig und gut sind.

2.
Das Schwarzfärben der Bären-, Ukrainer-, Schaf- und Lammfelle (Schmaschen), sowie des Astrachan.

(Für 100 Stück Ukrainer-, 20 Bären-, 20 Schaffelle, 100 Lammfelle, 50 Astrachan.

Diese Gattung von Fellen färbt sich leichter, als Hasen- oder Katzenfelle, da die Haare derselben poröser sind. Das Färben derselben geschieht auf folgende Weise.

Die Tödtung oder Beizvorbereitung ist hierzu einfacher, sie besteht nämlich aus 3 ℔. **Kalk** (nach bekanntem Verfahren gelöscht), 4 ℔. gesiebter **Buchenasche** und 2½ ℔. **Silberglätte**, welche Ingredienzen in 2 Eimern reinem Wasser (20 Pfund) eine ½ Stunde lang gelinde gekocht und nach dem Erkalten bis handheiß vom Bodensatz abgeklärt werden.

In derselben Beizflüssigkeit löst man nun 1½ ℔. **Eisenvitriol** (**Kupferwasser**), bringt dieselbe, nachdem man die Felle hineingethan, in eine hinreichende Menge handwarmen Wassers, damit die Felle gleichförmig davon bedeckt werden, und läßt letztere 24 Stunden lang darin verbleiben; alsdann werden sie herausgenommen, leicht in reinem Wasser gespült und folgendermaßen schwarz gefärbt.

Man bringt in einen eisernen oder kupfernen Kessel von gehöriger Größe 5 Eimer (den Eimer zu 20 ℔.) reines Wasser, setzt der Flüssigkeit 6 ℔. **Campeche-Blauholz** in trocken geraspeltem Zustande und 7½ ℔. feingepulverte **Galläpfel** (**Gallus**) hinzu, erhitzt die Flüssigkeit zum Kochen und läßt sie 1 Stunde lang darin verbleiben, kühlt sie dann mit etwas kaltem Wasser ab und setzt derselben 3 ℔. **Eisenvitriol** (**Kupferwasser**), 4 Lth. **Salmiak** (gepulvert) und 4 Lth. **Grünspan**, welcher einige Tage vorher in 1 ℔. reinem Wasser gelöst ist, hinzu, rührt hierauf diese Farbflüssigkeit ¼ Stunde lang um, klärt dieselbe vom Bodensatz in ein Gefäß, welches mit reinem handheißen Wasser gefüllt ist, und bringt die gebeizten, gespülten Felle hinein, welche nun volle 24 Stunden lang darin verbleiben.

Zweckmäßig ist es jedoch, dieselben von 6 zu 6 Stunden darin umzuwenden. Ein längeres Verbleiben in der Farbflüssigkeit ist nur zweckmäßig und anzurathen. Ist diese Frist verstrichen, so werden dieselben aus der Farbflüssigkeit herausgenommen, gelinde gespült und noch appretirt. Es kann sich leicht ereignen, daß unter einer Parthie Felle mitunter einige sind, welche die schwarze Farbe nicht so vollkommen annehmen; diese muß man dann nochmals in die Farbflüssigkeit bringen und 1 Tag lang darin verbleiben lassen, worauf sie als gut herausgenommen werden können.

3.
Das Schwarzfärben der verschiedenen Pelzgattungen von geringem Werthe.

In Fällen, wo man verschiedene Pelzgattungen schwarz zu färben hat, und bei denen es nicht auf einen größeren Kostenaufwand und auf Schönheit der Farbe ankommt, ist zum Färben ein leichteres, billigeres Verfahren folgendermaßen in Anwendung zu bringen.

Um 50 bis 60 Hunde-, Katzen- und andere Felle schwarz zu färben, verfährt man auf nachstehende Weise.

Die Töbtung hierzu wird bereitet, indem man in einer hinreichenden Quantität Wasser 10 ℔. Kalk, 4 ℔. Buchenholzasche und 2 ℔. Silberglätte (Goldglätte) ½ Stunde gelinde kochen läßt, die Flüssigkeit dann vom Bodensatz abklärt und dieselbe nebst den Fellen in ein hinreichend großes Gefäß mit reinem handheißen Wasser bringt. Nachdem letztere 24 Stunden lang darin verblieben sind, werden sie herausgenommen und hierauf in eine Flüssigkeit von handwarmem reinen Wasser gebracht, dem man 5 ℔. Eisenvitriol (Kupferwasser) hinzugesetzt hat, in welcher Flüssigkeit sie noch

4 Stunden lang verbleiben müssen. Nach Verlauf dieser Zeit werden sie dann herausgenommen, gelinde gespült und folgendermaßen schwarz gefärbt.

In eine hinreichende Quantität reines Wasser bringt man zum Behuf des Schwarzfärbens dieser Art Felle die Abkochung von 10 *ℳ.* **Campeche-Blauholz** (oder 2 *ℳ.* käuflichen **Blauholz-Extract**), ferner die Abkochung von 2 *ℳ.* **Galläpfeln (Gallus)**, 8 *Lth.* zartgepulverten **Salmiak** und 6 *Lth.* nach dem bekannten Verfahren in reinem Wasser gelösten **Grünspan**. Ist diese Zusammensetzung vollzogen, dann wird die Flüssigkeit handheiß erhitzt und die vorbereiteten, gespülten Felle hineingebracht, welche man nun nach dem bekannten Verfahren herumarbeiten und 24 Stunden lang darin verbleiben läßt. Nach dieser Zeit kann man sie wieder herausnehmen und spülen, trocknen und appretiren.

Sollte der Fall eintreten, daß sich ein Fell nicht vollkommen schwarz gefärbt hätte, welches, wie dies bei der Schafwolle vorkommt, in dem krankhaften Zustande des Thieres liegt, von welchem das Fell gewonnen worden, so muß man derartige Felle ebenfalls längere Zeit in der Farbflüssigkeit verbleiben lassen, wodurch man seinen Zweck erreichen wird.

In einigen Pelzwaarenfärbereien bringt man, um den theuren Gallus sparsamer zu verwenden, auch oft Erlenrinde in Mitanwendung. Dieses Surrogat ist jedoch in vielen Gegenden nicht käuflich zu haben und kann nur im frischen Zustande wesentliche Dienste leisten.

Will man dieselbe aber in Anwendung bringen, so muß sie nach dem bekannten Verfahren in reinem Wasser $1/2$ Stunde lang ausgekocht werden.

Einige Pelzwaarenfärber, die nicht die nöthigen chemischen Vorkenntnisse besitzen, setzen der Blauholzflüssigkeit auch Weinstein, Antimonium ꝛc. hinzu. Dem denkenden praktischen Schön- und Pelzwaarenfärber ist es jedoch leicht erklärlich, daß diese Zusätze auf die schwarze Farbe nur nachtheilig einwirken müssen.

Diese vorbemerkten Recepte zum Schwarzfärben der thierischen Felle sind praktisch erprobt, und es gilt gleichviel, ob es Hasen-, Kaninchen-, Otter-, Marder-, Seehunds-, Zobel-, Ukrainer-, Astrachanoder Iltis-Felle sind, wenn nur die Basis oder der Beizgrund (vom Pelzfärber gewöhnlich mit dem Ausdruck Tödtung, auch Deckung belegt) mit Goldglätte ꝛc. richtig vollzogen wird.

In diesem Punkte bin ich jederzeit meinem strengen Grundsatze, nämlich Wahrheit mit einer gewissen Klarheit zu verbinden, in Allem nachgekommen, denn durch mannichfaltige und unklare Recepte wird der Schönfärber und Fabrikant nur verwirrt und ist von keinem Nutzen.

Diese Art Schriften, mit unsinnigen Recepten gefüllt, werden leider von vielen charlatanischen Schriftstellern und untüchtigen Färbern, sowie von unkundigen Chemikern und gewissenlosen Verlegern mit pompösem Titel versehen oft in die Welt geschickt, und der vertrauensvolle Techniker, der solch unsinniges Geschreibsel kauft, sieht sich betrogen; es ist daher ganz natürlich, daß sich dann bei demselben ein gewisses Mißtrauen kundgeben muß.

Dieser Unfug und Betrug in technischen Schriften findet jedoch nur in Deutschland von einigen bekannten Verlegern statt, die sich nicht scheuen, solchen schmutzigen Erwerb so zu sagen fabrikartig zu betreiben. In England und Frankreich, wo zwar wenig, jedoch nur

Gediegenes und zwar von Fachmännern in Schriften zu Tage gefördert wird, und wozu die Regierungen beider Länder durch Geldunterstützung mitwirkend die Hände reichen, wird in den Zweigen der Färberei und Zeuchdruckerei stets Alles klar und wahr und mit einer Gründlichkeit mitgetheilt, die nur Freude erregen muß; so schrieb Chaptal, Bancroft und Perlioz, und diesem Grundsatze bin auch ich in den langen Jahren treulich nachgekommen.

Vierte Abtheilung.
Das Braunfärben der Pelzwaaren.

Das Braunfärben der Pelzwaaren, die später zu Luxus-Gegenständen verarbeitet werden, wird meistens an Katzen-, Seehunds-, Biber-, Marder-, Iltis-, Bisam- und Kaninchenfellen vollzogen, und ist das Verfahren bei demselben in Nachstehendem mitgetheilt.

1.
Dunkelbraun.
(Für 25 Stück Hasen-, Kaninchen-, Bisam-, Katzen-, Biberfelle ꝛc., mittelst Tunk- oder Einsteckfarbe.)

Will man vorgedachte Felle braun färben, so beachte man vor allen Dingen die zu diesem Zwecke dienende Tödtung oder Deckung, welche aus 1 *U.* Kalk, 1 *U.* Buchenholzasche, 4 *Lth.* Goldglätte (Silberglätte) und 2 *Lth.* Eisenvitriol (Kupferwasser) besteht. Dies Alles wird in 4 Berliner Quart (8 *U.*) reinem Wasser ½ Stunde lang gelinde gekocht und nach dem Erkalten vom Bodensatz abgeklärt. Man füllt dann ein hölzernes Gefäß mit hinreichendem handheißen Wasser, thut die Felle hinein, setzt die bereitete Beizflüssigkeit hinzu, läßt erstere 24 Stunden lang darin verbleiben und nimmt sie alsdann wieder heraus, worauf dieselben am Flusse leicht gespült und folgendermaßen braun gefärbt werden.

Man läßt in 4 Berliner Quart (8 ℔.) reinem Wasser 1 ℔. **Galläpfel (Gallus)**, 2 *Lth.* **Blaustein** (schwefelsaures Kupfer), 2 *Lth.* **Eisenvitriol**, 2 *Lth.* **Salmiak** (gepulvert), 2 *Lth.* **Alaun** und 4 *Lth.* **Goldglätte (Silberglätte)** $1/2$ Stunde lang kochen, bringt die Substanz in eine Flüssigkeit von reinem handheißen Wasser, thut die vorbereiteten (gebeizten) Felle hinein und läßt dieselben nach dem bekannten Verfahren 24 Stunden lang darin verbleiben; alsdann werden sie herausgenommen, gespült und appretirt, worauf sie gut sind.

2.
Schwarzbraun.
(Für 25 Stück Hasen-, Kaninchen-, Bisam-, Katzen-, Biberfelle ꝛc., mittelst Tunk- oder Einsteckfarbe.)

Das Dunkelbraunfärben der Felle ist bereits aus dem Vorigen bekannt. Um dieselben aber schwarzbraun darzustellen, hat man stets dasselbe Verfahren zu beobachten, nur daß man der Farbflüssigkeit die Abkochung von 8 bis 16 *Lth.* **Blauholz** hinzusetzt, nach dem bekannten Verfahren färbt und dann die Felle noch appretirt.

3.
Hellbraun.
(Für 25 Stück Hasen-, Kaninchen-, Bisam-, Katzen-, Biberfelle ꝛc., mittelst Tunk- oder Einsteckfarbe.)

Hierzu besteht die Tödtung (Beize) aus 2 ℔. **Kalk** (nach bekanntem Verfahren gelöscht), 12 *Lth.* **Buchenholzasche**, 1 ℔. **Goldglätte (Silberglätte)**, 4 *Lth.* **Eisenvitriol (Kupferwasser)** und

8 Lth. **Sumach** (Schmak). Diese Ingredienzen werden zusammen nach dem bekannten Verfahren in 8 Berliner Quart (16 ℔.) reinem Wasser ½ Stunde lang gekocht, abgeklärt und in eine Flüssigkeit von reinem handwarmen Wasser gebracht. In diese Flüssigkeit bringt man nun die Felle und läßt sie 24 Stunden lang darin verbleiben, worauf sie dann wieder herausgenommen, gespült und folgendermaßen hellbraun gefärbt werden.

Man läßt in 5 Berliner Quart (10 ℔.) reinem Wasser 16 Lth. gepulverten **Gallus** (**Galläpfel**), 4 Lth. **Eisenvitriol** (**Kupferwasser**), 2 Lth. **Blaustein**, 4 Lth. **Goldglätte** (**Silberglätte**) und 4 Lth. **Alaun** ½ Stunde lang kochen, klärt dann diese Flüssigkeit vom Bodensatz ab und bringt dieselbe nach bekanntem Verfahren in eine hinreichende Menge handheißen Wassers. Hierauf bringt man die gebeizten und gespülten Felle hinein und läßt sie 24 Stunden oder auch länger darin verbleiben; alsdann werden sie herausgenommen, gespült, getrocknet und appretirt.

Diese hier mitgetheilten Recepte zum Schwarz- und Braunfärben aller bekannten Pelzwaaren beruhen nur auf erprobten praktischen Erfahrungen, und das Verfahren, diese Farben zu färben, ist dasselbe, wie solches in den bekannten und berühmten Pelzwaarenfärbereien Englands ausgeübt wird und welches den deutschen Pelzwaarenfärbern vor Allem zu empfehlen ist. Denn in Deutschland, wo sich bisher nur einige wenige Pelzwaarenfärber mit geringem Geschäftsumfange befinden, bringt man eine Menge verschiedener Recepte in Anwendung, die nur Wirrwarr verursachen müssen. Die Hauptgrundlage (Basis) zum Färben der Pelzwaaren ist stets die richtige Anwendung des Kalks, der Holzasche und der Goldglätte (Silberglätte). Diese Substanzen finden aber auch nur zum Schwarz- und Braunfärben der menschlichen Haare geeignete Anwendung. Es ist daher nach diesen Recepten dem praktischen Schön- oder Pelzwaarenfärber leicht, das Färben gedachter Farben nach gewissen Regeln auszuführen, namentlich die braunen Farben in helleren und dunkleren Nüancen darzustellen. Dies beruht hauptsächlich darauf, daß man beim Färben mehr oder weniger der bekannten Beiz- und Farbsubstanzen in Anwendung bringt.

Fünfte Abtheilung.

Das Färben der Auftrage-, Streich-, Blend- oder Bürstfarben für Pelzwaaren.

Diese Art des Färbens bildet einen besonderen Zweig der Pelzwaarenfärberei und erzielt, für Luxusgegenstände angewandt, einen hohen Gewinn.

Das Verfahren hat den Zweck, allen Gattungen von Fellen, die von geringerem Werthe sind, wie namentlich Hasen-, Kaninchen-, Katzen- und geringen Fuchsfellen 2c., eine dem echten Zobel und Astrachan 2c. ähnliche Farbe zu ertheilen und diese helle, braune oder graue Grundfarbe beliebig mit dunkelbraunen oder schwarzen Mustern (Dessins) zu färben.

Die nach diesem Verfahren gefärbten Felle haben sich in allen Farben vollkommen dauerhaft (echt) erwiesen und werden jetzt den Fellen von natürlicher Farbe hinsichtlich der Schönheit gleichgestellt.

Die Darstellung derselben wird folgendermaßen am zweckmäßigsten vollzogen.

Die zu färbenden Felle werden vorher gleichförmig und einzeln auf ein aus Tannen- oder Buchenholz gefertigtes Bret ausgebreitet.

Etwas zeitraubend, jedoch zweckmäßig ist es, dieselben mit kleinen Nägeln möglichst glatt auszuspannen. Einer weiteren Vorbereitung bedürfen dieselben nicht, und ist das Verfahren im Grunde dasselbe, wie bei den Tunk- oder Einsteckfarben.

Hat man das Fell auf dem Brete oder dem Tische gleichförmig ausgebreitet, so wird die Haarseite mittelst einer weichen Bürste mit der Beiz- oder Farbflüssigkeit, die man in Anwendung bringen will, bestrichen, so, daß dieselbe gleichförmig durchdringt.

Sollen nur die Spitzen des Fells gefärbt werden, so ist das Verfahren noch einfacher und erfordert nur geringe Uebung. Wenn die Felle mit der nöthigen Farbsubstanz (Tödtung oder Deckung genannt) mittelst der Bürste gleichförmig bestrichen sind, legt man sie mit der Haarseite aufeinander und läßt sie mit einem Leinwandtuch wohlbedeckt in diesem Zustande 3 Stunden lang verbleiben; alsdann werden dieselben umgelegt, um den Beizgrund gleichförmig zu vertheilen. Nachdem abermals 3 Stunden verflossen, wird derselbe in diesem Zustande eingetreten, welche Operation folgendermaßen vollzogen wird.

Man bringt die mit der nöthigen Beize eingebürsteten (gedeckten) Felle paarweise und mit aufeinander gelegter Haarseite in ein hölzernes Gefäß möglichst fest übereinander und läßt sie in diesem Zustande 24 Stunden lang verbleiben, worauf sie wieder herausgenommen und mit etwas verdünnter Beize (Farbe) die Haarspitzen nochmals eingebürstet werden. Nachdem dies geschehen, läßt man dieselben abermals bei einmaligem Umlegen 6 Stunden lang liegen. Hierauf werden die Felle, ohne sie zu spülen, zum Trocknen gleichförmig aufgehängt.

Das Trocknen darf jedoch durchaus nicht an der Sonne oder der Feuerhitze vollzogen werden, da sich das Haar sonst kräuseln würde. Zeigt sich die Farbe der Pelzwaaren nach dem Trocknen nach Wunsch, so klopft man dieselben mittelst einen Stockes aus, um den von den Farbsubstanzen erzeugten und ihnen noch anhängenden Staub zu entfernen, und appretirt dieselben.

Nach früherem Verfahren, und in Färbereien, in denen Pelzwaaren im kleinen Betrieb gefärbt werden, hatte man die Gewohnheit, den Kalk, die Goldglätte, Asche und das Kupferwasser erst auf bekannte Weise in reinem Wasser zu kochen und diese Beiz- oder Farbesubstanz so, ohne sie vorher vom Bodensatz abzuklären, zum Färben in Anwendung zu bringen. Daß dieses Verfahren nicht zweckmäßig war, ist begreiflich. Das Haar nimmt dadurch nicht nur eine gewisse Härte an, es werden dadurch oft auch ungleichmäßige Farben erzeugt.

Der Grund, auf welchem ein solches Verfahren beruhte, liegt in einem nur unbedeutenden Nutzen, nämlich daß man nach dem Ausklopfen der gefärbten Felle die denselben noch anhängende staubige Farbsubstanz, welche man Auspuhpulver nennt, zu gewinnen und bei wiederholtem Färben in Mitanwendung zu bringen suchte. Welcher Nutzen dabei erzielt wird, ist leicht zu ermessen, denn er lohnt nicht die Mühe, die mit der Arbeit verbunden ist.

Wie bemerkt, ist die Goldglätte (Silberglätte), der Kalk, die Asche, der Eisenvitriol, namentlich auch der Gallus (Galläpfel) die hauptsächlichste färbende Substanz (Pigment) der Pelzwaaren.

Bei Darstellung dieser Blend- oder Auftragefarben wird nach altem Verfahren gebrannter Gallus in Anwendung gebracht; es ist daher natürlich, daß derselbe kräftiger wirkt, da die in demselben enthaltenen wässerigen Theile durch das Brennen entfernt werden. In chemischer Hinsicht ist derselbe aber nicht wirkender als ungebrannter Aleppo-Gallus in vollkommener Güte. Das Brennen des Gallus wird folgendermaßen vollzogen.

Man bringt 2 *Ll.* **Aleppo-Gallus,** ohne ihn zu zerstoßen, in einen kleinen kupfernen, eisernen oder eisernen emaillirten Kessel, setzt demselben 4 *Lth.* **Unschlitt** in feinzerschnittenem Zustande hinzu, schließt dann den Kessel durch Verkleben luftdicht, bringt denselben mit dem Gallus auf ein gelindes Holzkohlenfeuer und schüttelt ihn von Zeit zu Zeit um. Die Brennoperation währt so lange, bis der im Kessel befindliche Gallus beim Umschütteln dumpf klingt. Das Verfahren kann in $3/4$ Stunden vollzogen werden. Nach dieser Zeit wird der Kessel vom Feuer genommen. Nun rührt man den Gallus mit einem Stäbchen um, bis derselbe erkaltet, und pulvert ihn hierauf möglichst fein, worauf er geschickt ist, zum Färben in Anwendung gebracht zu werden.

1.
Hellbraune Grundfarbe.

(Für 25 Stück Hasen-, Kaninchen-, Zobel-, Katzen-, Bisam-, Seehunds- ꝛc. Felle, mittelst Blend-, Auftrage- oder Bürstfarbe.)

Das Färben derselben wird folgendermaßen vollzogen.

Zur Tödtung oder Beize läßt man in 3 Berliner Quart reinem Wasser nach dem bekannten Verfahren 1 *Ll.* **Kalk,** $1/2$ *Ll.* **Buchenholzasche,** 4 *Lth.* **Goldglätte (Silberglätte)** und 2 *Lth.* **Eisenvitriol (Kupferwasser)** $1/2$ Stunde lang gelinde kochen und diese Flüssigkeit vom Bodensatz abklären. Hierauf werden die Felle auf die bereits oben angegebene Weise gleichförmig ausgebreitet, mittelst der Bürste mit der handwarmen Beize gleichförmig bestrichen, und überhaupt in Allem, wie schon bekannt, verfahren. Nachdem man die Felle getrocknet, werden dieselben folgendermaßen fertig braun gefärbt.

In 6 Berliner Quart reinem Wasser läßt man 1½ *U.* **Gallus** (oder 1 *U.* gebrannten **Gallus**), 4 *Lth.* **Goldglätte** (**Silberglätte**), 2 *Lth.* **Eisenvitriol**, 1 *Lth.* vorher in Wasser gelösten **Grünspan**, 1 *Lth.* **Alaun** und 1 *Lth.* gepulverten **Salmiak** ½ Stunde lang kochen; diese Flüssigkeit wird sodann vom Bodensatz abgeklärt und nach dem bekannten Verfahren gefärbt, getrocknet und appretirt, worauf die Felle gut sind.

2.
Hellbraun mit dunkelbraunen Streifen.
(Für 25 Stück Hasen-, Kaninchen-, Zobel-, Katzen-, Bisam- u. Seehundsfelle 2c., mittelst Blend- oder Auftragefarbe.)

Die Felle werden zum Behuf der Darstellung solcher Farbe nach dem bekannten Verfahren erst heller oder dunkler braun gefärbt, hierauf ganz auf die bereits bekannte Weise behandelt und nach dem Färben getrocknet. Die Stellen oder Streifen, die man in dunklerer brauner Farbe auf dem Felle erzeugen will, werden mit der bekannten Beize, welche aus Goldglätte, Kalk 2c. bereitet ist, mit der Bürste aufgetragen, worauf man die Felle ebenfalls trocknet und dann noch appretirt. Zu feinen Streifen bedient man sich eines Haarpinsels.

3.
Dunkelbraun mit schwarzen Streifen (Deſſins).

(Für 25 Stück Haſen-, Kaninchen-, Zobel-, Katzen-, Biſam-, Seehundsfelle ꝛc., mittelſt Blend- oder Auftragefarbe.)

Die Felle werden vorher nach dem bekannten Verfahren mit den nöthigen Farbſubſtanzen vollkommen dunkelbraun gefärbt, ſodann getrocknet und hierauf die Streifen (Deſſins), welche man ſchwarz erzeugen will, mit bekannter Schwarzfarbe-Flüſſigkeit mittelſt der Bürſte beſtrichen und in Allem, wie bereits bei andern Farben mitgetheilt worden, behandelt. Schließlich iſt nur noch nöthig, die Felle zu trocknen und zu appretiren.

Es bleibt ſich bei dieſen ſogenannten Blend- oder Auftrage- und Bürſtfarben gleich, auf welche Art Pelzwerk dieſelben angewandt werden. Es iſt natürlich, daß ſich eine Gattung Felle gewöhnlich leichter und ſchöner, als eine andere färbt; deßhalb iſt es oft der Fall, daß man dieſelben noch einer dritten Färbung unterziehen muß.

Will man als Grundfarbe ein ſehr gelbliches Braun erzeugen, ſo muß man der Tödtung (erſten Beize), wie auch der nachherigen Farbflüſſigkeit die Abkochung von 1 bis 2 ℔. Cuba-Gelbholz hinzuſetzen.

In franzöſiſchen Pelzwaarenfärbereien bringt man hierzu anſtatt des Gelbholzes etwas gemahlene Curcumá in Anwendung; man erzielt hierdurch zwar eine ſchöne gelbbraune, jedoch keineswegs eine dauerhafte Farbe.

4.
Hellbraun aus Terra-Japonica.

(Für 25 Stück Hasen-, Kaninchen-, Zobel-, Katzen-, Bisam-, Seehundsfelle ꝛc., mittelst Tunk- (Einsteck-) und Blend-, Auftrage- oder Bürstfarbe.)

In englischen Pelzwaarenfärbereien bringt man seit einiger Zeit die Terra-Japonica, sowie auch das Catechu zum Braunfärben in Anwendung. Diese Substanzen vereinigen in sich Alles, um den thierischen Stoffen nicht allein Gerbung, sondern auch eine dauerhafte braune Farbe zu ertheilen.

Zum Gerben der Felle und Häute finden dieselben vorzüglich in England und jetzt auch in Deutschland bedeutende Verwendung.

Ein Nachtheil stellt sich jedoch bei diesem Färbverfahren, zum Färben zarter Pelzwaaren angewandt, dadurch heraus, daß dieselben sich im Haar etwas hart erweisen.

Das Braunfärben wird folgendermaßen am zweckmäßigsten vollzogen.

Man läßt in 20 Berliner Quart (40 ℔.) reinem Wasser 4 ℔. gepulverte **Terra-Japonica** nach dem bekannten Verfahren $1/2$ Stunde lang kochen und bringt diese Flüssigkeit in ein Holzgefäß mit einer hinreichenden Quantität handheißem reinen Wasser, daß die Felle damit bedeckt werden. Hierauf thut man die Felle hinein und läßt sie 24 Stunden lang darin verbleiben. Nach dieser Zeit nimmt man sie heraus, läßt sie von der Farbflüssigkeit abrinnen und färbt sie folgendermaßen fertig braun.

Man läßt in 4 Berliner Quart (8 ℔.) reinem, scharf heißem Wasser $1/2$ ℔. käufliches gepulvertes **rothes chromsaures Kali** löfen, bringt diefe Löfung in eine Menge hinreichend handheißen Waffers, rührt diefe Flüffigkeit gut um, bringt die vorbereiteten Felle hinein, läßt fie gut darin herumarbeiten und $1/2$ Stunde lang darin verbleiben; alsdann werden fie herausgenommen, gefpült, getrocknet und appretirt und find fomit gut.

Die nach diefem Verfahren braun gefärbten Felle laffen fich hierauf nach dem bekannten Verfahren ebenfalls blenden, und man vollzieht daffelbe gewöhnlich mit einer ftarken Catechu- oder bekannten Schwarzdeckung (Farbe).

5.
Dunkelbraun aus Catechu.

(Für 25 Stück Hafen-, Kaninchen-, Zobel-, Katzen-, Bifam-, Seehundsfelle ꝛc., mittelft Tunk- (Einfteck-) und Blend-, Auftrage- oder Bürftfarbe.)

Die Darftellung der dunkelbraunen Farbe aus Catechu wird nach demfelben Verfahren vollzogen, wie die braune Farbe aus der Terra-Japonica, nur daß mit demfelben Quantum von Catechu und rothem chromfauren Kali ein Dunkelbraun erzeugt wird.

Die nach diefem Verfahren dunkelbraun gefärbten Felle find auf diefelbe Weife, wie bereits beim Hellbraun mitgetheilt worden, mit fchwarzen beliebigen Muftern (Deffins) mittelft des Aufbürftens darzuftellen.

Durch reichlichere oder geringere Anwendung von Terra-Japonica, Catechu, rothem chromfauren Kali kann man entweder hellere oder dunklere braune Farbe erzeugen.

6.
Schwarzbraun aus Catechu und Blauholz.
(Für 25 Stück Seehundsfelle [Robben], mittelst Tunk- und Blendfarbe.)

Dieses Verfahren zum Dunkelbraun-Färben von Pelzwaaren findet nur in England und zwar zum Färben geringer Pelzgattungen, namentlich der Seehundsfelle, Anwendung.

Das Färben des Schwarzbraun wird sowohl mittelst der Tunk- oder Einsteck-, wie auch mittelst der Blend- oder Bürstfarbe nach dem bekannten Verfahren folgendermaßen vollzogen.

Man läßt in 4 Eimern (den Eimer zu 20 ℓ.) reinem Wasser 5 ℓ. echtes **braunes** gepulvertes **Catechu** $1/2$ Stunde lang nach dem bekannten Verfahren kochen, setzt der kochendheißen Catechuflüssigkeit 8 *Lth.* **Blaustein**, 4 *Lth.* **Salmiak** und die Abkochung von $2\frac{1}{2}$ ℓ. **Campeche-Blauholz** oder $3/4$ ℓ. **Blauholz-Extract** in zart gepulvertem Zustande hinzu, und rührt die Farbflüssigkeit 8 Minuten lang. In diesem Zustande ist dieselbe befähigt, zum Färben in Anwendung gebracht zu werden. Für Tunk- oder Einsteckfarbe ist das bekannte Verfahren zu beobachten, nämlich daß man die bereitete Catechuflüssigkeit in ein hölzernes Gefäß mit handheißem reinen Wasser bringt, womit die Felle, die man vorher hineingebracht, bedeckt sein müssen, und läßt sie 12 Stunden lang darin verbleiben. Hierauf werden dieselben umgelegt, und verbleiben nochmals 12 Stunden lang in der Catechuflüssigkeit; alsdann werden sie herausgenommen, von der Flüssigkeit abrinnen gelassen, und folgendermaßen fertig schwarzbraun gefärbt.

Man läßt in 5 Berliner Quart (10 ℔.) reinem scharfheißen Wasser 1 ℔. gepulvertes **rothes chromsaures Kali** lösen, bringt diese Lösung von dem chromsauren Kali in ein eine hinreichende Menge heißes Wasser enthaltendes Gefäß, thut die mit Catechu vorbereiteten Felle hinein, läßt sie gut darin herumarbeiten und 1 Stunde lang darin verbleiben; hierauf werden dieselben nach dem bekannten Verfahren umgelegt und verbleiben noch 1 Stunde lang in der chromsauren Kaliflüssigkeit, nach welcher Zeit sie dann herausgenommen werden. Die so gefärbten Felle werden jedoch nicht gespült, sondern nach dem Färben sofort getrocknet und appretirt.

In einigen Pelzwaarenfärbereien bringt man auch ein anderes Verfahren in Anwendung, welches auf folgende Weise ausgeführt wird.

Nachdem die Felle in der Catechuflüssigkeit vorbereitet und wieder herausgenommen worden sind, füllt man einen kupfernen oder eisernen Kessel von hinlänglicher Größe mit nur wenig reinem Wasser, erhitzt die Flüssigkeit scharf handheiß, setzt derselben etwa den vierten Theil von der gelösten chromsauren Kaliflüssigkeit hinzu und bringt zwei Felle, auf der Fleischseite zusammengelegt, hinein und läßt sie 5 bis 10 Minuten lang darin herumarbeiten; alsdann werden sie wieder herausgenommen und zum Abrinnen auf ein über dem Kessel angebrachtes Gestell gehängt. Die chromsaure Kaliflüssigkeit erhält man in handheißem Zustande und setzt von Zeit zu Zeit etwas chromsaure Kaliflüssigkeit hinzu.

Ist man auf diese Weise fertig, dann werden die gefärbten Felle noch gestreckt, getrocknet und appretirt.

Dieses letztere Verfahren des Färbens von Pelzwaaren stammt von einem ähnlichen, nämlich dem in der Saffianfärberei angewandten, her.

Die Darstellung der braunen Blend-, Auftrage- oder Bürstfarben (aus dem Catechu und dem chromsauren Kali) für alle Arten Pelzwaaren, vorzüglich für Seehundsfelle, ist dieselbe, wie bei den Blendfarben, welche aus Kalk, Goldglätte ꝛc. dargestellt werden.

Wird ein sehr dunkles Schwarzbraun verlangt, welches man bis zu Schwarz erzielen kann, so verfährt man folgendermaßen: Die Muster (Dessins), welche man in dunklen Nüancen wünscht, werden mit einer Eisenvitriol- (Kupferwasser-) Lösung, die man in reinem heißen Wasser vollzieht, nach dem bekannten Verfahren durch das Streichen mit der Bürste hervorgebracht.

Sechste Abtheilung.

Das Graufärben der Pelzwaaren, namentlich der Katzen-, Kaninchen-, Hasen-, Iltis-, Marderfelle ꝛc.

Das Graufärben der Pelzwaaren auf künstlichem Wege hat hauptsächlich den Zweck, einem nicht werthvollen Felle, wie Hasen- und Kaninchenfelle ꝛc., eine dem ächten Zobel, Edelmarder und Nerz eigene graue Farbe zu ertheilen, so, daß man an den künstlich gefärbten Fellen durchaus keinen Unterschied bemerkt. Man verfährt, um diese Farbe richtig zu färben und sie der natürlichen Farbe genannter Thiere getreu nachzuahmen, wie in Nachstehendem angegeben ist.

1.

Grau.

(Für 25 Stück Hasen- (weiße Schweizerhasen-) und Kaninchenfelle ꝛc. zu Zobel- und Marderfarbe, mittelst Tunk- (Einsteck-) und Blendfarbe oder nur mit Tunk- oder Einsteckfarbe.)

Die Tödtung (Beize) hierzu bereitet man folgendermaßen. In 4 Berliner Quart (8 ℔.) reinem Wasser läßt man 8 ℔. Goldglätte (Silberglätte), 4 ℔. Alaun, 1 ℔. vorher in Wasser gelösten

Grünspan, 2 Lth. Pottasche und 2 Lth. Salmiak nach dem bekannten Verfahren ½ Stunde lang kochen, und beizt die Felle damit auf die bereits bekannte Weise, worauf sie noch 24 Stunden lang in der Beize verbleiben; alsdann werden dieselben herausgenommen, gespült, gleichförmig zum Trocknen aufgehängt, dann mit Weizenkleie in warmem Wasser gereinigt und folgendermaßen fertig grau gefärbt.

In 3 Berliner Quart reinem Wasser läßt man zu diesem Zweck nach bekanntem Verfahren .½ Lt. gepulverte **Galläpfel (Gallus)**, 4 Lth. **Kalk**, 2 Lth. **Goldglätte (Silberglätte)**, 4 Lth. **Buchenholzasche**, 4 Lth. geraspeltes **Cuba-Gelbholz** und 4 Lth. **Campeche-Blauholz** (oder 1 Lth. **Blauholz-Extract**) ½ Stunde lang kochen, klärt die Flüssigkeit vom Bodensatz ab, bringt dieselbe in hinreichend handwarmes Wasser, in welcher Farbflüssigkeit nun die gebeizten und gereinigten Felle nach dem bekannten Verfahren behandelt werden und 24 Stunden lang darin verbleiben müssen. Nach Verlauf dieser Zeit werden sie herausgenommen, gespült und appretirt.

Diese grauen Farben lassen sich leicht nach Wunsch heller oder dunkler darstellen, welches dadurch erzielt wird, daß man dazu mehr oder weniger Blauholz in Anwendung bringt.

Durch einen geringen Zusatz von **Erlenrinde** wird ein röthliches Grau erzeugt.

Ist der Beizgrund mit der gehörigen Ordnung vollzogen worden, so ist das Fertigfärben in allen grauen Nüancen leicht zu bezwecken. Manche Charlatane geben in ihren Färberei-Recepten für eine einfache Farbe, wie Grau, oft zwanzig unsinnige Recepte an, ohne zu bedenken, daß dies zu dem größten Wirrwarr führen muß und dadurch die größten Nachtheile im Gefolge hat.

2.
Grau.

(Für 25 Stück Hasen-, Katzen-, Murmelthierfelle ꝛc., als Zobel- und Nerz-
farbe, mittelst Blend- oder Bürst- und Auftragefarbe.)

Die Felle werden erst nach dem bekannten Verfahren heller oder dunkler grau gefärbt, dann gespült und gleichförmig zum Trocknen aufgehängt. Die Muster (Dessins), welche man dunkler grau gefärbt haben will, werden hierauf auf der Haarseite mit der bereiteten Farbflüssigkeit bestrichen, sodann wieder getrocknet und appretirt.

Die Bereitung der grauen Blendfarbe geschieht auf folgende Weise. Sind die Felle nach dem bekannten Verfahren in der nöthigen Beize behandelt, so bereitet man die graue Blendfarbe, und läßt zu diesem Behuf in 4 Berliner Quart (8 *Pf.*) reinem Wasser 1 *Pf.* gepulverte **Galläpfel (Gallus)**, 1 *Lth.* in reinem Wasser gelösten **Grünspan**, 4 *Lth.* **Goldglätte (Silberglätte)**, 4 *Lth.* **Alaun**, 8 *Lth.* **Eisenvitriol**, 1/2 *Pf.* **Kalk** und 4 *Lth.* **Salmiak** 1/2 Stunde kochen; nachdem diese Beizflüssigkeit nach dem bekannten Verfahren gedachte Zeit über gelinde gekocht hat, klärt man sie vom Bodensatz ab und färbt damit durch Auftragen mittelst der Bürste möglichst handheiß, worauf dann die Felle getrocknet und noch appretirt werden.

Die verschiedenen beliebigen Nüancen von hellerem oder dunklerem Grau sind leicht dadurch hervorzubringen, daß man die Farbflüssigkeit mehr oder weniger mit reinem Wasser verdünnt anwendet.

Hieraus ist zu ersehen, daß die Bereitung der grauen Farbe höchst einfach ist. Durch Zusatz von etwas Blauholzabkochung (oder Blauholz-Extract), Gelbholzabkochung und Blaustein werden alle beliebigen grauen Farben dargestellt.

3.
Die Appretur der gefärbten und getrockneten Felle.

Die Appretur der gefärbten Felle, Läutern genannt, ist eine sehr wichtige, jedoch nur einfache Operation, die stets aber mit der größten Aufmerksamkeit vollzogen werden müßte.

Die Appretur wird folgendermaßen vollzogen. Zeigen sich die gefärbten Felle nach dem Trocknen in jeder Hinsicht nach Wunsch, so werden dieselben erst gut ausgeklopft, um sie von dem etwa anhängenden Staub zu befreien, und schreitet nun zum Läutern.

Die zum Läutern in Anwendung zu bringenden Substanzen sind feiner Sand, Weizenkleie und Sägespäne, vorzüglich solche von Eichenholz. Im großen Betrieb bedient man sich einer Tonne oder eines Kastens, welche Gefäße mit einem festen Deckel versehen und mittelst einer daran angebrachten Kurbel in Bewegung gesetzt werden. In diese Gefäße bringt man nun die Felle hinein, setzt eine angemessene Menge feinen trockenen Sand, Weizenkleie oder Sägespäne hinzu und erhält das Gefäß $1/2$ Stunde lang in Bewegung, nach welcher Zeit dieselben herausgenommen, ausgeklopft, mittelst einer Bürste auf der Haarseite mit handwarmem Seifenwasser bestrichen und mit dem Eisen gestreckt werden. Nachdem sie zum Trocknen aufgehängt gewesen, werden dieselben schließlich mit Werg abgerieben. In diesem jetzigen Zustande zeigt sich das Haar zwar glänzend, jedoch hat die Fleischseite des gefärbten Felles eine gewisse Härte angenommen, die entfernt werden muß, und welches auf folgende Weise bewerkstelligt wird.

Man läßt in etwas reinem heißen Wasser eine hinreichende Menge Weizenmehl lösen, verdünnt die Lösung mit reinem handheißen Wasser und setzt derselben etwas Kochsalz, sowie etwas Salmiakgeist (Spiritus Ammoniak) hinzu. Mit dieser Mischung werden die Felle mittelst eines Schwammes oder einer weichen Bürste auf der Fleischseite bestrichen und dann in einen Keller gebracht, worin dieselben einige Tage lang verbleiben. Auf solche Weise werden sie geschickt, in den Handel gebracht zu werden und zur Bearbeitung von allerhand Pelzwaarengegenständen zu dienen.

In einigen Pelzwaarenfärbereien bringt man hierzu heißen Sand in Anwendung, welches die Operation des Läuterns allerdings beschleunigt und in dringenden Fällen stets zu empfehlen ist.

Das Verfahren, namentlich schwarz- und dunkelbraun gefärbte Felle auf der Haarseite mit feingepulvertem Wasserblei mittelst Werg abzureiben, erzeugt zwar einen angenehmen Glanz, die damit behandelten Felle müssen jedoch nachher nochmals mit Werg abgerieben werden, um den Staub zu entfernen.

Siebente Abtheilung.

Das Färben der Wollfelle, namentlich der Schaf-, Lamm- (Schmaschen-) und Angorafelle, des Schwanpelzes, der Federn u. s. w.

Diese für Luxusgegenstände seither nur einfach betriebene und stets mit vielen Umständen und Zeitverlust verknüpfte Färberei hat dadurch, daß diese Gegenstände jetzt mehr in Aufnahme kommen, Veranlassung gegeben, diesem besondern Zweig der Färberei mehr Aufmerksamkeit zuzuwenden, als bisher geschehen, ihn immer weiter auszubilden und nach festen Grundsätzen auszuführen. Hierzu hat namentlich die für die gesammte Färberei und Zeuchdruckerei so wichtige Entdeckung eines Farbestoffes, des sogenannten Anilin, auch Fuksin genannt, wesentlich beigetragen.

Die Anwendung desselben, namentlich für thierische Stoffe, zur Darstellung der rothen, blauen und violetten Farben, erregt wahrhaft Erstaunen. Einen besonderen Vortheil aber gewährt das Färben mit Anilin dadurch, daß die Wollstoffe, sowie die thierischen Felle, der Schwanpelz, so auch die Federn, keiner Vorbereitung (Beizgrund) unterzogen zu werden brauchen, sondern in kurzer Zeit schön und billig gefärbt werden können. Bei dem jetzt billigen und gewiß noch mehr sinkenden

Preise des Anilin wird dasselbe eine bedeutende Rolle unter den früheren Farbsubstanzen, wie Indigo und Cochenille, spielen, und dem englischen Handels-Monopol oder Alleinhandel steht jetzt eine schlimme Krisis bevor, so daß diese theuren Farbsubstanzen durch das Anilin gänzlich verdrängt werden können.

Die färbende Substanz des Anilin liegt bekanntlich in dem bei der Gasbeleuchtung gewonnenen und in der Steinkohle enthaltenen theerartigen Oel, ein Stoff, der früher fast nutzlos war. Zwar hatte man vor einiger Zeit die Befürchtung ausgesprochen, daß, wenn vielleicht ein Continental-Krieg ausbrechen sollte, die Zufuhr von englischen Steinkohlen gehemmt werde und dann sowohl Gas und Anilin nicht producirt werden könnten. Diese Befürchtung wird aber dadurch null und nichtig, daß durch die allwaltende Vorsehung dafür gesorgt ist, auch in andern Ländern gute Steinkohlen in der Erde zu finden, so, daß wir englische Steinkohlen vielleicht ganz ohne Beachtung lassen können. Seit Kurzem sind in Westphalen so reiche Steinkohlenlager entdeckt worden, die den Consum Deutschlands über Jahrhunderte hinaus zu sichern im Stande sind. Diese westphälische Steinkohle übertrifft die beste englische Haswell-Col an Güte, wovon ich mich durchgängig überzeugt habe.

In Hamburg hat sich eine Actien-Gesellschaft gebildet, die schon im Besitze eines großen Dampfschiffes ist, um die von Westphalen aus durch die Eisenbahn nach Harburg beförderten Steinkohlen auf billige Weise nach Hamburg zu transportiren.

Das Reinigen und Färben der Wollfelle, des Schwanpelzes und der Federn überhaupt, sowie das Appretiren derselben wird folgendermaßen vollzogen.

1.
Das Reinigen der zum Färben bestimmten Wollfelle, des Schwanpelzes, der Angorafelle und der Federn.

Das Reinigen (Waschen) dieser zum Färben bestimmten Gegenstände ist eine sehr nothwendige Vorarbeit, um schöne und gleichförmige Farben zu erzielen.

In der früheren Pelzwaarenreinigung und Färberei wurde ein ganz zweckwidriges Verfahren in Anwendung gebracht; es wurde nämlich in eine Kufe (Bottich) oder in einen geflochtenen Korb schichtweise abwechselnd Stroh nebst Kalk und Buchenholzasche gebracht, diese Substanzen mit kaltem, auch handheißem Wasser überschüttet und von Zeit zu Zeit mittelst eines an dem hölzernen Gefäß angebrachten Krahns abgelassen.

Wurde diese Operation in einem aus Weidenholz geflochtenen Korbe ausgeführt, so brachte man unten in denselben ein Stück grobe Leinwand, durch welches die Laugenflüssigkeit langsam in ein untergestelltes Gefäß abfloß.

Nach diesem veralteten Verfahren erzeugt man eine kaustische Lauge, die, wie jeder practische Pelzwaaren- oder Schönfärber durch Erfahrung wissen wird, auf jeden thierischen Stoff zerstörend wirkt.

Schon vor länger als 30 Jahren machte der um die technische Chemie, namentlich für die verschiedenen Zweige der Färberei sich so verdient gemachte Herr Geheime Rath Hermbstädt auf die Verkehrtheit obigen Verfahrens aufmerksam, und seine Empfehlung, die krystallisirte Soda statt der kaustischen Lage zum Reinigen (Waschen) der schafwollenen und Seidenstoffe in Anwendung zu bringen, hat seit dieſer Zeit zu der Ueberzeugung geführt, daß dies die billigſte und zweckmäßigſte Reinigungsmethode iſt.

Das Reinigen (Waſchen) wird folgendermaßen vollzogen.

Man füllt einen hinlänglich großen, kupfernen oder eiſernen Keſſel mit reinem Waſſer, erhitzt die Flüſſigkeit ſchwach handheiß, und läßt in derſelben für jedes Pfund der zu färbenden Felle 1 Lth. künſtliche kryſtalliſirte **Soda** löſen, bringt die Felle hinein, und läßt ſie 15 Minuten lang darin herumarbeiten, alsdann werden ſie herausgenommen, geſpült und gefärbt.

Durch Zuſatz von etwas kryſtalliſirter Soda kann man in derſelben Flüſſigkeit eine zweite Parthie Felle reinigen; nach dieſer Reinigung aber zeigt ſich dieſelbe zu ſchwach und wird als unbrauchbar weggeſchüttet.

2.

Roſenroth von käuflichem Roſalin, für Schaf- und Lammfelle, Angora, Schwanpelz, weiße Haſen- und Kaninchenfelle und Federn u. ſ. w.

Das jetzt in den Handel gebrachte Roſalin zeigt, vollkommen gereinigt, daß man keinen Weingeiſt (Alkohol) zur Löſung der noch anhängenden theerartigen Subſtanz hinzuzuſetzen nöthig hat.

Das Färben mittelſt Roſalin wird mit weicher Bürſte und mittelſt Auftragefarbe vollzogen.

Einen beſonderen Vortheil gewährt es hierbei, daß man den hellen oder dunkleren Farbenton ohne Mühe leicht darſtellen kann, und iſt es daher gleich, ob kleinere oder größere Felle gefärbt werden, wenn nur die Rosalinflüssigkeit schwächer oder stärker zubereitet wurde, je nachdem sie gebraucht wird.

Das Färben wird nach folgenden Regeln am zweckmäßigsten vollzogen.

Sind die rosenroth zu färbenden Gegenstände nach dem bekannten Verfahren mit Sodaflüssigkeit gereinigt und gespült, so hängt man dieselben gleichförmig zum Abrinnen der Flüssigkeit auf und breitet sie in noch feuchtem Zustande auf einem reinen Tannenholztisch oder Bret aus. Nachher füllt man einen kleinen kupfernen oder Messingkessel mit Wasser, erhitzt die Flüssigkeit scharf handheiß und setzt derselben so viel käufliches flüssiges (liquides) Rosalin hinzu, als man ein helleres oder dunkleres Rosenroth erzielen will, rührt dann die Farbflüssigkeit gut um und bringt dieselbe mittelst der Bürste auf die Wollseite des Felles. Dieses Verfahren bedarf nur einer kleinen Uebung. Zeigt sich das Fell nach Wunsch gefärbt, so hängt man dasselbe gleichförmig auf; die Rosalinflüssigkeit wird aber in handheißem Zustande erhalten und im Färben fortgefahren. Nach Zeit von einer Stunde werden die Felle mit reinem handwarmen Wasser mittelst der Bürste bestrichen, zum Trocknen aufgehängt und hierauf appretirt.

Das unter dem Namen Schwan bekannte Pelzwerk ist nicht immer vom natürlichen Schwan, sondern man benutzt auch die Gans dazu, dessen Fell (Haut) man der äußeren groben Federn beraubt und die zarten, sogenannten Daunenhäutchen als Schwanpelz in den Handel bringt. Dieselben können nach dem bekannten Verfahren auch mittelst Einsteckfarbe gefärbt werden, so auch die Federn mit den bemerkten Anilinfarben.

3.
Carmoisin, auch Grosseille genannt, aus Rosalin.
(Für Schaf- und Lammfelle, Angora, Schwan, weiße Hasen- und Kaninchenfelle und Federn.)

Die Darstellung dieser Farbe wird nach demselben Verfahren wie die der rosenrothen vollzogen, nur daß man die Rosalinflüssigkeit etwas stärker in Anwendung bringt.

4.
Lila aus Violet-Rosalin.
(Für Schaf- und Lammfelle, Angora, Schwan, weiße Hasen- und Kaninchenfelle und Federn.)

Das käufliche flüssige Violet-Anilin ist jetzt ebenfalls in chemisch-reinem Zustande zu haben, und kann ohne weitere Vorbereitung zum Lilafärben sofort angewandt werden. Man hat dabei ebenfalls dasselbe Verfahren zu beobachten, wie bei dem Färben des Rosenroth.

5.
Violet aus flüssigem Anilin-Violet.
(Für Schaf- und Lammfelle, Angora, Schwan, weiße Hasen- und Kaninchenfelle und Federn.)

Die violette Farbe ist eine dunklere Nüance von Lila. Die Darstellung derselben wird nach demselben Verfahren vollzogen, wie bei Lila angegeben worden. Dadurch, daß man hierzu mehr oder weniger Anilin-Violet in Anwendung bringt, erhält man hellere oder dunklere Violetfarben.

6.
Hellblau aus flüssigem Anilin-Blau.

(Für Schaf- und Lammfelle, Angora, Schwan, weiße Hasen- und Kaninchenfelle und Federn.)

Diese schöne blaue Farbe wird von keiner bis jetzt bekannten übertroffen. Eins ist aber bei Darstellung derselben zu berücksichtigen, nämlich daß dieselbe für geringe Wollfelle zu kostspielig ist, und nur für feine Luxus-Gegenstände, als Schwanpelz und Federn, Anwendung finden kann. Bei diesen Gegenständen ist es zweckmäßig, das Färben nach dem bekannten Verfahren mittelst Tunk- oder Einsteckfarbe zu vollziehen, welches folgendermaßen geschieht.

Man bringt in einen kupfernen oder Messing-Kessel reines kaltes Wasser, setzt demselben auf 50 Berliner Quart (100 *ll.*) 6 *Lth.* Schwefelsäure (englisches Vitriolöl) hinzu, und fügt nun zu dieser Flüssigkeit noch ein geringes Quantum Blau-Anilin. Hierauf erhitzt man die Flüssigkeit zuerst handwarm, bringt die gereinigten gespülten Gegenstände hinein und läßt sie nach dem bekannten Verfahren darin herumarbeiten, welches in einer Zeit von etwa 15 bis 20 Minuten vollzogen werden muß. Nachdem dies Geschäft beendigt, werden sie herausgenommen, setzt derselben Flüssigkeit wieder etwas Blau-Anilin hinzu und erhitzt sie nun bis zur Handhitze, in welchem Zustande man dieselbe 15 bis 20 Minuten lang erhält. Will man ein dunkleres Blau erzielen, so setzt man derselben Flüssigkeit nochmals etwas Blau-Anilin hinzu, und verfährt, wie bekannt. Die Gegenstände läßt man nun in der Farbflüssigkeit bis lauwarm abkühlen, nimmt sie dann heraus und spült sie. Ist kein Fehler beim Färben begangen worden, so werden dieselben nach Wunsch ausgefallen sein.

7.
Hellblau aus Indigo-Carmin und Alaun.
(Für Schaf-, Lamm- und Angorafelle, sowie Schwanpelz und Federn.)

Das Färben dieser meist nur zu Luxus-Gegenständen dienenden Farben für Schaf- oder Lammfelle ꝛc. vertragen, gleich andern dergleichen Farben, wie Dunkelblau, Gelb, Grün, Grau und Schwarz, kein zu theures Verfahren, da dieselben dem Wechsel der Mode sehr unterworfen sind. Die ersteren von den genannten Farben müssen einer Grundbeize von Alaun unterzogen werden, welches aber für Grau und Schwarz fast ganz unnöthig ist.

Zum Färben dieser Gattung Felle bringt man zwei Verfahrungsarten in Anwendung, nämlich die, wobei Tunk- (Einsteck-) Farbe angewandt wird, und die, bei welcher man Aufstreichfarbe mittelst der Bürste anwendet. Ersteres Verfahren, mittelst der Einsteckfarbe, verursacht einen größeren Kostenaufwand und hat den Nachtheil, daß zugleich die Fleischseite des Felles mit gefärbt wird, welches bei der Auftrage- oder Bürstfarbe nicht geschieht; außerdem erspart man auch bei der letzteren Verfahrungsart an Farbsubstanz.

Zum Hellblaufärben der Wollfelle verfährt man am zweckmäßigsten folgendermaßen.

Die Felle werden nach dem bekannten Verfahren erst mit krystallisirter Soda gereinigt, gewaschen und gespült, sodann gleichförmig aufgehängt, damit sie von der Flüssigkeit abrinnen können. Hierauf werden sie, wie nachstehend angegeben, mit Alaunflüssigkeit zum Hellblaufärben vorbereitet, welche Alaunflüssigkeit (Beize) auch zu anderen Farben in Gebrauch gezogen werden kann.

Die Vorbereitung der Felle beginnt damit, daß man in 50 Berliner Quart (100 ℓ.) reinem, scharfheißem Wasser 10 ℓ. eisenfreien Alaun in gepulvertem Zustande bei fortwährendem Umrühren mit einem Holzstäbchen lösen läßt und nach beendigter Lösung desselben 2 ℓ. Kochsalz hinzusetzt. In diesem Zustande kann diese Alaunbeize in Anwendung gebracht werden, welches möglichst handheiß auf folgende Weise geschehen muß.

Die gereinigten, gewaschenen Wollfelle werden, nachdem man dieselben in nicht zu nassem Zustande nach dem bekannten Verfahren auf der Fleischseite gestreckt, auf einem reinen Tisch gleichförmig ausgebreitet und mit der nach Vorschrift bereiteten Alaunbeize mittelst der Bürste bestrichen (eingerieben). In diesem Zustande verbleiben die Felle, auf die Fleischseite gelegt, 24 Stunden lang liegen, worauf dieselben hellblau gefärbt werden.

Nach einem in England üblichen Verfahren bringt man die gereinigten und gespülten Wollfelle in eine hinreichende Menge reinen handwarmen Wassers, dem man für 100 ℓ. Wollfelle 6 ℓ. eisenfreien Alaun und 2 ℓ. Kochsalz hinzugesetzt hat, welche Substanzen in 2 Eimern (40 ℓ.) reinem, scharfheißem Wasser vorher gelöst worden waren, und rührt diese Alaunflüssigkeit um. Nachdem dies geschehen, bringt man die gereinigten, gespülten Felle hinein und läßt sie 12 Stunden lang darin verbleiben, worauf man sie herausnimmt, von der Alaunflüssigkeit gut abrinnen läßt und nach beiden zwar verschiedenen aber gleichwirkenden Verfahrungsarten folgendermaßen hellblau färbt.

Man bringt in einen kleinen kupfernen oder Messingkessel eine kleine Menge reines Wasser, erhitzt die Flüssigkeit handheiß und läßt in derselben so viel käuflichen **Indigo-Carmin** bei fortwährendem Umrühren lösen, daß die Flüssigkeit jene blaue Farbe zeigt, welche man zu erzielen wünscht. Die Farbe wird nun möglichst handheiß mittelst der Bürste auf die Wollseite aufgestrichen, die so gefärbten Felle aber nicht gespült, jedoch gleichförmig zum Trocknen aufgehängt und dann appretirt.

Der käufliche Indigo kommt in zwei Sorten im Handel vor, nämlich englischer und französischer; ersterer ist dünnflüssiger und enthält etwas Säure, welche demselben jedoch nicht nachtheilig ist.

Derselbe wird jetzt in deutschen chemischen Fabriken in vollkommner Güte bereitet und ist billig käuflich zu haben.

Um ein volles Mittelblau zu erzeugen, bringt man dazu mehr Indigo-Carmin in Anwendung und setzt der Flüssigkeit die Abkochung von sehr wenig Blauholz oder gelösten Blauholz-Extract hinzu.

8.

Hellgelb aus Gelbholz.

(Für Schaf-, Lamm- und Angora-Felle, sowie Schwanpelz und Federn ꝛc.)

Die Darstellung der gelben Farben wird noch in der Jetztzeit auf die unsinnigste Weise vollzogen und zwar theils aus Curcumä, theils aus Orlean. Das mit der Curcumä gefärbte Gelb hat so wenig Dauer, daß die Farbe an der Luft und Sonne völlig verschwindet (abbleicht). Der Orlean geht ebenfalls mit schafwollenen Gegenständen keine feste Verbindung ein.

Nach folgendem neuen Verfahren wird ein schönes, gegen Luft und Säuren ächtes Hellgelb dargestellt.

Die gereinigten und gespülten Wollfelle u. s. w. werden erst nach dem bekannten Verfahren wie zu Hellblau der Alaunirung unterzogen und folgendermaßen hellgelb gefärbt.

Man läßt in 2 Eimern (20 <i>A.</i>) reinem Wasser 4 <i>A.</i> **Cuba-Gelbholz** im geraspelten Zustande 1 Stunde lang auskochen, bringt die vom Gelbholz abgeklärte Flüssigkeit in ein reines Tannenholz- oder Steingutgefäß und setzt derselben bei fortwährendem Umrühren mit einem Tannenholzstöckchen 4 <i>Lth.</i> käufliches **Zinnsalz** hinzu, läßt dieselbe bis zur Handhitze erkalten und bringt sie nach dem bekannten Verfahren zum Gelbfärben in Anwendung.

9.
Dunkelgelb aus Quercitron 2c.
(Für Schaf-, Lamm- und Angora-Felle, sowie für Schwanzpelz und Federn 2c.)

Die Darstellung der dunkelgelben Farben für die vorbemerkten Gegenstände wird aus der Quercitronrinde folgendermaßen vollzogen.

Die Wollfelle 2c. werden nach dem bekannten Verfahren erst alaunisirt und auf nachstehend angegebene Weise dunkelgelb gefärbt.

Man läßt in 2 Eimern (20 <i>A.</i>) reinem Wasser 4 <i>A.</i> **Quercitron** und 8 <i>Lth.</i> käufliches **Zinnsalz**, welches in 1 Berliner Quart

(2 ℔) reinem handwarmen Waſſer gelöſt worden, eine halbe Stunde lang gelinde durchkochen, nachher dieſer Farbeflüſſigkeit noch behutſam und zwar nach und nach 4 ℒth. Schwefelſäure (engliſches Vitriolöl) hinzuſetzen, und klärt dieſelbe vom Bodenſatz ab. Nachdem dies geſchehen, bringt man dieſelbe nach dem bekannten Verfahren zum Dunkelgelbfärben in Anwendung, welches jedoch ſtets in möglichſt handheißem Zuſtande geſchehen muß.

Wird die Operation des Färbens wiederholt vollzogen, ſo erzielt man ein noch dunkleres Gelb. Will man aber je nach Umſtänden ein helleres Gelb darſtellen, ſo hat man zu dieſem Behuf die bereitete Quercitronflüſſigkeit nur mit reinem Waſſer zu verdünnen.

10.

Orangefarbe (Orangegelb) aus Quercitron und Cochenille.

(Für Schaf-, Lamm- und Angora-Felle, Schwanpelz und Federn ꝛc.)

Zur Darſtellung der Orangefarbe hat man daſſelbe Verfahren, wie bei Dunkelgelb angegeben, zu beobachten, nur mit dem Unterſchiede, daß der Quercitronflüſſigkeit Zinnſalz, Schwefelſäure-Flüſſigkeit und einige Loth zartgemahlener Cochenille, welche man in einem kleinen Keſſel oder Töpfchen in einigen Berliner Quart reinem Waſſer ¼ Stunde lang kochen läßt, hinzugeſetzt werden muß. Hellere oder dunklere Orangefarben werden dadurch erzeugt, daß man obige Farbſubſtanz hierzu entweder ſchwächer oder ſtärker anwendet. Auf dieſe Weiſe laſſen ſich alle Nüancen von Gelb nach Wunſch erzielen.

11.
Dunkelroth aus Rothholz.

(Für Schaf-, Lamm- und Angora-Felle, sowie für Schwanpelz und Federn ꝛc.)

Die dunkelroth zu färbenden Gegenstände werden nach bekanntem Verfahren erst gereinigt, gespült und dann alaunisirt. Nachdem dieselben mit salzsaurer Zinnflüssigkeit von $1/2$ Grad Stärke nach Beaumé's Säurenmesser auf der feuchten Wollseite mittelst der Bürste eingestrichen worden, werden sie wiederholt gespült und folgendermaßen dunkelroth gefärbt.

Man läßt zu diesem Behuf in 2 Eimern (20 ℔.) reinem Wasser 4 ℔. St. Martens- oder Bimas-Rothholz im trockenen, geraspelten Zustande 1 Stunde lang auskochen, klärt die Flüssigkeit vom Bodensatz ab und färbt mit derselben im handheißen Zustande nach dem bekannten Verfahren.

Dadurch, daß man die Rothholzflüssigkeit mit mehr oder weniger reinem Wasser verdünnt, werden dunklere oder hellere Farben erzeugt.

Eben so vortheilhaft ist es, anstatt der Rothholz-Abkochung käuflichen Rothholz-Extract zu dieser Farbe in Anwendung zu bringen. Derselbe muß jedoch im gepulverten Zustande in kochendheißem reinen Wasser vorher gelöst worden sein.

Soll ein Roth mit gelblichem Schein erzielt werden, so hat man der Rothholzflüssigkeit hierzu etwas in kochendheißem Wasser gelöster gemahlener Curcumä hinzuzusetzen.

Die Bereitung der salzsauren Zinnauflösung geschieht auf folgende Weise.

Man bringt in einen glasurten Steintopf eine beliebige Menge käufliche Salzsäure von 22 Grad Stärke nach Beaumé's Säurenmeſſer und ſetzt für jedes Pfund derſelben auf einmal 4 *Lth.* reines Zinn im geraspelten oder gedrehten Zuſtande hinzu, und bringt dann das Gefäß an einen abgelegenen Ort. Die Auflöſung des Zinns geht ſogleich vor ſich und iſt in 48 Stunden vollendet. Man klärt hierauf dieſelbe vom Bodenſatz ab und bewahrt ſie in einer Glasflaſche zum Gebrauch auf. Dem Verderben iſt ſie niemals unterworfen.

12.
Braun aus Roth= und Blauholz.
(Für Schaf=, Lamm= und Angora=Felle, ſowie Schwanpelz und Federn ꝛc.)

Das Färben der braunen Farben geſchieht ebenſo wie das der dunkelrothen Farben, nur daß man der Rothholzflüſſigkeit die Abkochung von etwas Blauholz oder auch Blauholz=Extract und Curcumä hinzuſetzt.

13.
Violet (Pensé) aus Blauholz.
(Für Schaf=, Lamm= und Angora=Felle, ſowie auch für Schwanpelz und Federn ꝛc.)

Die Darſtellung der violetten Farbe wird am geeignetſten auf folgende Weiſe vollzogen.

Die zu färbenden Gegenſtände werden nach dem bekannten Verfahren erſt alauniſirt, dann mit ſalzſaurer Zinnauflöſung gebeizt und folgendermaßen violet gefärbt.

Man läßt nach dem bekannten Verfahren in 2 Eimern (20 *U.*) reinem Waſſer 4 *U.* Campeche=Blauholz in geraspeltem Zuſtande

1 Stunde lang auskochen, klärt die Flüssigkeit sodann vom Bodensatz ab und färbt damit, wie bereits bekannt.

Der bemerkte Blauholz-Extract leistet hierzu dieselben Dienste.

Wendet man zu der Violetfarbe weniger verdünnte Blauholzflüssigkeit an, so lassen sich dadurch dunklere Nüancen hervorbringen; verdünnt man aber die Farbflüssigkeit mehr mit Wasser, so kann man sogar auch Lilafarben erzeugen.

14.
Grau (Krimmer-Grau) aus Blauholz und Gallus ꝛc.
(Für 25 Ɛℓ. Schaf-, Lamm- und Angora-Felle, Schwanpelz und Federn ꝛc.)

Die graue Farbe findet für Wollfelle, vorzüglich für Lammfelle (Schmaschen), um die Farbe des sogenannten Krimmer-Pelzwerks täuschend nachzuahmen, immer mehr Verwendung.

In der Krimm giebt es zwar eine Gattung Schafe von grauer Farbe, deren Lämmer, nachdem sie zur Welt gekommen, lediglich um des Felles wegen getödtet und als echter Krimmer in den Handel gebracht werden. Dies ist jedoch nicht ausreichend; denn obgleich diese Gattung Pelzwerk als Luxusartikel auch nur periodisch vielfach verlangt wird, muß die Färbekunst in diesem Falle dennoch oft aushelfen, und die guten deutschen Lämmer (im technischen Ausdruck Schmaschen genannt) müssen ihr Fell zu Markte tragen, um gekrimmert zu werden und den Bedarf decken zu helfen.

Das Graufärben derselben kann zwar auf verschiedene Weise, jedoch am sichersten und vortheilhaftesten auf folgende Weise vollzogen werden.

Man läßt in 2 Eimern (40 ℔.) reinem Wasser 4 ℔. **Campeche-Blauholz** in geraspeltem Zustande, sowie ¼ ℔. zartgepulverten **Gallus** oder statt desselben 2 ℔. **Sumach** (**Schmak**) nach dem bekanntem Verfahren auskochen (oder bringt anstatt des geraspelten Blauholzes nach bekannten Verfahren 1 ℔. käuflichen **Blauholz-Extract** in Anwendung), klärt die Flüssigkeit vom Bodensatz ab und läßt in derselben bei fortwährendem Umrühren mit einem Stöckchen ½ ℔. Eisenvitriol (Kupferwasser) lösen, verdünnt diese Farbflüssigkeit mit hinreichendem handwarmen Wasser, bringt nun die gereinigten gespülten Lammfelle hinein und läßt dieselben nach dem bekannten Verfahren darin herumarbeiten und 2 Stunden lang darin verbleiben; alsdann werden sie herausgenommen, gespült, gestreckt, gleichmäßig zum Trocknen aufgehängt und dann noch appretirt.

Dadurch, daß man die Farbflüssigkeit mehr oder weniger mit reinem Wasser versetzt, werden hellere oder dunklere graue Farben erzielt.

Setzt man der Farbflüssigkeit 4 bis 5 ℔. **Alaun** hinzu, so wird ein **röthliches** Grau erzeugt.

Bringt man etwas **Gelbholzabkochung** in Mitanwendung, so wird ein **gelbliches** Grau erzeugt.

Nach dem hier Angegebenen ist es daher sehr leicht, die grauen Farben in verschiedenen Nüancen zu erzeugen.

15.
Grau (Krimmer-Grau) aus Blauholz und Sumach ꝛc.
(Für 25 ℔. Schaf-, Lamm- und Angora-Felle, Schwanpelz und Federn ꝛc.)

In Pelzwaarenfärbereien, namentlich in denen Englands, wo bisher dieser Zweig der Färberei bereits im Großen betrieben worden ist, wird nach folgendem Verfahren ein dauerhaftes Krimmer-Grau erzeugt.

Man läßt in 2 Eimern (40 *ll.*) reinem Wasser 2 *ll.* ficilianischen **Sumach** nach dem bekannten Verfahren ½ Stunde lang auskochen, klärt diese Flüssigkeit vom Bodensatz ab, bringt dieselbe in eine hinreichende Menge handwarmes Wasser, setzt der Sumachflüssigkeit ½ *ll.* käuflichen **Blauholz-Extract** hinzu, welcher zartgepulvert in 4 Berliner Quart reinem kochendheißen Wasser gelöst ist, und bringt hierauf die zum Krimmer-Graufärben gereinigten, gespülten Felle 2c. hinein. Diese werden nun nach dem bekannten Verfahren in dieser Farbflüssigkeit herumgearbeitet und 12 Stunden lang darin liegen gelassen, worauf man sie dann wieder herausnimmt, von der Flüssigkeit abrinnen läßt und folgendermaßen krimmergrau färbt.

Man füllt hierzu ein beliebiges Gefäß von hinreichender Größe mit reinem handwarmen Wasser und setzt der Flüssigkeit ½ *ll.* **Eisenvitriol (Kupferwasser)** hinzu, welcher in 4 Berliner Quart (8 *ll.*) reinem heißen Wasser gelöst ist, bringt die mit Sumach- und Blauholz-Extract vorbereiteten Felle hinein, läßt sie nach dem bekannten Verfahren darin herumarbeiten und 1 Stunde lang darin verbleiben; alsdann werden sie herausgenommen, gespült, gestreckt, gleichmäßig zum Trocknen aufgehängt und sodann appretirt.

Dadurch, daß man der Sumach- und Blauholzflüssigkeit einige Loth **Salmiak** hinzusetzt, wird ein bläuliches Grau erzeugt; durch Zusatz von Gelbholzabkochung aber stellt man ein gelbliches Grau dar.

16.
Röthlich-Grau aus Erlenrinde ꝛc.
(Für 25 ℔. Schaf-, Lamm- und Angora-Felle, sowie für Schwanpelz und Federn ꝛc.)

Diese röthlich-graue Farbe zeigt sich nicht allein von ganz besonderer Dauer, sondern ist auch schön im Aussehen und billig in ihrer Darstellung.

Das Färben derselben geschieht am zweckmäßigsten auf folgende Weise.

In 2 Eimern Wasser (40 ℔.) läßt man nach dem bekannten Verfahren 2 ℔. frische oder nicht zu alte getrocknete Erlenrinde nebst 1 ℔. sicilianischem Sumach $1/2$ Stunde lang auskochen, klärt die Flüssigkeit vom Bodensatz ab und bringt dieselbe sodann in ein Gefäß, welches mit handheißem Wasser hinreichend angefüllt ist, um die Felle damit bedecken zu können, thut hierauf die gereinigten, gespülten Felle ꝛc. hinein und läßt sie nach dem bekannten Verfahren darin herumarbeiten und 12 Stunden lang darin verbleiben. Nach Verlauf dieser Zeit werden sie herausgenommen, von der Flüssigkeit abrinnen gelassen und nun folgendem Verfahren unterworfen.

Man bringt in 5 Berliner Quart (10 ℔.) reines handheißes Wasser $1/2$ ℔. nach bekanntem Verfahren in reinem Wasser gelösten Kalk und sodann diese Flüssigkeit in eine hinreichende Menge handwarmen Wassers. In dieser Mischung läßt man nun die vorbereiteten Felle $1/2$ Stunde lang herumarbeiten, worauf sie wieder herausgenommen werden. Nachdem man sie von der Flüssigkeit hat abrinnen lassen, werden dieselben nach dem bekannten Verfahren in reinem handwarmen

Waſſer, welchem man $\frac{1}{2}$ A. **Eiſenvitriol (Kupferwaſſer)** hinzugeſetzt, gedunkelt, hierauf geſpült und appretirt. Nach dieſer letztern Arbeit ſind die Felle gut.

Ein veraltetes Verfahren bei Darſtellung dieſer grauen Farben iſt das, daß man früher Gold- oder Silberglätte hinzuſetzte, welches aber ganz zweck- und nutzlos ſich erwieſen. Man kann jedoch die grauen Farben durch Zuſatz von Alaun, Blauſtein ꝛc. changiren (verändern), welches aber nur erſt in kleinen Parthien vollzogen werden ſollte, damit man in dieſem Geſchäft Feſtigkeit erlangt, denn es iſt beſſer, erſt Verſuche im Kleinen zu machen, ehe man das Ganze durch Unkunde verdirbt, welches dem kleinem, oder beſſer geſagt, nicht Geld beſitzenden Fabrikant oft empfindlichen Schaden bereitete.

Achte Abtheilung.

Das Färben des Ombre oder der in Schattirungen gefärbten Pelzwaaren.

(Für alle bekannten Felle, des Schwanpelzes, der Federn ꝛc.)

Unter dem Namen Ombre, ein dem Französischen entlehnter Ausdruck, wird nämlich das verstanden, wenn man Wollgarn, Seide, Pelzwerk oder Federn und zwar jeden zu färbenden Gegenstand in einer Farbe, jedoch vom Hellen bis zum Dunklen, in Schattirung (Schatten), färbt.

Die französischen Schönfärber, als Erfinder desselben, trieben anfangs traurige Geheimnißkrämerei damit, gewannen aber dadurch große Summen, namentlich beim Färben der Seide.

Selbst in Hamburg und Berlin, in welchen Städten intelligente Schönfärber das Verfahren beim Ombriren schnell ergründeten und ausführten, verfuhr man ebenso. In jetziger Zeit glaubt man jedoch an keine Hexen und Goldmacher (Alchymisten) mehr; die Mechanik und Chemie hilft dem mit ihnen vertrauten und denkenden Schönfärber und Fabrikant oft große Schwierigkeiten besiegen und weißt sie in die Geheimnisse der Natur ein, wodurch es ihnen dann leicht wird, das Vortheilhafte neuer Erfindungen leicht zu ergründen und zu prüfen.

Das Ombrefärben für Schwanpelz und Federn, sowie für Angorawolle kann zwar nicht immer im Großen betrieben werden, da diese Art Färberei viel von der herrschenden Mode abhängt, jedoch kehrt dieselbe, wie die Erfahrung oft dargethan, von Zeit zu Zeit zurück und scheint sich zu verjüngen.

Das Ombriren der genannten Gegenstände wird nach dem zweckmäßigsten Verfahren folgendermaßen vollzogen.

Diejenigen Farben, welche der Alaunirung bedürfen, als Hellblau, Grüngelb ꝛc., werden derselben nach dem bekannten Verfahren unterzogen. Die sämmtlichen Anilinfarben bedürfen bekanntlich keiner Vorbereitung (Beize).

Will man zum Ombriren schreiten, so füllt man ein reines kupfernes oder eisernes emaillirtes Gefäß von hinlänglicher Größe mit reinem Wasser, erhitzt die Flüssigkeit handheiß, setzt die nöthige Farbsubstanz hinzu und taucht den zu ombrirenden Gegenstand vorsichtig hinein. Man läßt denselben auf diese Weise einige Minuten lang darin verbleiben, bis man sieht, daß die gewünschte helleste Farbe erzielt ist. Hierauf setzt man derselben Flüssigkeit mehr Farbsubstanz hinzu, und verfährt ebenso, bis die gewünschten Farben vom Hellen bis zum Dunklen erzielt sind. Ist man mit dem Färben fertig, dann werden die gefärbten Pelzwaaren ꝛc. noch appretirt.

Die Farbflüssigkeit (Flotte) muß hierbei immer in gleichmäßiger Hitze erhalten und bei den Anilinfarben stets bis zur Handhitze gesteigert werden.

Wie bemerkt, ist das Ombrefärben der genannten Gegenstände nicht jederzeit im Großen zu betreiben; findet dies aber statt, so wird dasselbe folgendermaßen ausgeführt.

Man bringt über dem Farbkessel ein aus Tannenholz gefertigtes Gestell, welches an beiden Seiten mit Löchern von beliebiger Entfernung versehen ist und in denen man Holzpflöckchen von 6 bis 8 Zoll Länge anbringen kann.

Die zum Ombrefärben bestimmten Gegenstände werden gleichförmig mit einem Bindfaden unterbunden, über eine Tannenholzplatte befestigt und in diesem Zustande behutsam in die Farbflüssigkeit gebracht. Hat man die hellste Farbe erzielt, so hebt man die Latten behutsam heraus, setzt nun derselben Farbflüssigkeit mehr Farbsubstanz hinzu und fährt auf diese Weise bis zur dunkelsten Farbe fort. Operirt man mit gehöriger Vorsicht und Achtsamkeit, so ist dieses Verfahren äußerst leicht auszuführen.

Neunte Abtheilung.

Das Schwefeln (Weißbleichen) der Pelzwaarengegenstände überhaupt, und der von Schaf-, Lamm- und Angorafellen gefertigten insbesondere, ingleichen der Schwanpelz- und Federartikel.

Diese gewöhnlich in weißem Zustande in den Handel gebrachten Pelzwaarengegenstände, sowie der Schwanpelz und die Federn, werden stets vollkommen rein weiß verlangt, welche Beschaffenheit dieselben aber im natürlichen Zustande nicht immer zeigen. Dies zu erzielen, hat man nach folgendem einfachen und sichern Verfahren zu operiren. Die Wollgegenstände, Angorafelle, der Schwanpelz oder die Federn werden auf bekannte Weise für jedes Pfund derselben mit 1 *Lth.* krystallisirter **Soda** und 1 *Lth.* grüner **Seife** handheiß gewaschen und dieses Verfahren später nochmals mit 1 *Lth.* **Seife** vollzogen. Die gewaschenen Gegenstände werden nicht gespült, sondern folgendermaßen zum Schwefeln (Weißbleichen) gebracht.

Zu diesem Behuf benutzt man einen hinlänglich großen, aus Tannenholzbretern gefertigten Kasten, dessen Fugen mit starkem Papier verklebt sind und welcher mit einem festschließenden Deckel versehen ist.

Hat man die zum Schwefeln bestimmten Gegenstände nach dem bekannten Verfahren gewaschen und abrinnen gelassen, so bringt man dieselben, über Tannenholzstäbchen gehängt, in den Schwefelkasten, stellt auf den Boden desselben eine, am Besten aus Eisen gefertigte kleine Pfanne oder ein Töpfchen, bringt in diese für jedes Pfund der zu bleichenden Gegenstände 3 *Lth.* käuflichen gepulverten **Schwefel**, zündet denselben mittelst ausgeglühter Holzkohlen an und verschließt den Kasten möglichst schnell mit dem Deckel. In diesem Zustande läßt man die geschwefelten Gegenstände 12 Stunden lang verbleiben; alsdann wird der Kasten geöffnet und nach Zeit von einer Stunde werden die Gegenstände herausgenommen, an der freien Luft getrocknet und appretirt. Feuersgefahr ist bei diesem Verfahren nicht zu befürchten, da im Schwefelwasserstoffgas kein thierischer Körper brennbar ist. Jedoch ist es anzurathen, das Schwefeln nicht in der Färberei selbst, sondern an einem von derselben entlegenen Ort oder Boden zu vollziehen, da der entweichende Schwefeldampf manche Farben benachtheiligen dürfte.

Zehnte Abtheilung.

Das Appretiren der gefärbten Schaf-, Lamm- und Angorafelle, sowie des Schwanpelzes und der Federn ꝛc.

Die Appretur dieser nach den verschiedenen oben beschriebenen Verfahrungsarten gefärbten Pelzwaaren oder Federn verlangt eine andere Behandlung, als die der Hasen-, Kaninchen- und Bären-Felle, denn diese sollen stets in gekräuseltem Zustande erscheinen.

Das Verfahren ist übrigens sehr einfach und leicht folgendermaßen zu bezwecken.

Die in allen bekannten Farben gefärbten Wollfelle und Angorafelle werden nicht im fließenden Wasser gespült, sondern mittelst einer Bürste mit reinem Wasser ausgestrichen, jedoch darf dies nicht zu naß vorgenommen werden. Hierauf werden dieselben auf der Fleischseite ausgestrichen und gleichmäßig (egal) zum Trocknen aufgehängt, welches aber möglichst in der Wärme geschehen muß, damit sich dadurch das Haar kräuseln kann. Nachdem man sie wieder herabgenommen, werden sie mit trocknem Sand und Weizenkleie nach dem bekannten Verfahren geläutert, ausgeklopft und mittelst eines Kamms gekräuselt, oder glatt gestrichen, je nachdem es die Umstände erheischen. Die

Schwanfedern- und andere dergleichen gefärbten Federngegenstände werden, außer wenn sie blau und grün gefärbt sind, in kaltem reinen Wasser einfach gespült. Dieselben erscheinen darnach in zusammengedrücktem Zustande; dies wird jedoch denselben auf die Weise benommen, daß man sie auf reinem Papier ausschlägt, sie von der anhängenden Flüssigkeit befreit und möglichst schnell und mit Vorsicht an einem Kohlenfeuer trocknet, bei welchem Verfahren dieselben ebenfalls auf Papier geklopft werden, bis sie sich vollkommen trocken und im natürlichen Zustande zeigen. Nachdem dies geschehen, werden dieselben der Mode entsprechend mehr oder weniger mit reinem Wasser gekräuselt und sind dann gut.